Angela Fischer

Frauen meditieren anders

Rückkehr zum Körper • Weibliche Stärken leben

Rowohlt Taschenbuch Verlag

Inhalt

Originalausgabe
Veröffentlicht im
Rowohlt Taschenbuch Verlag GmbH,
Reinbek bei Hamburg, Januar 2003
Copyright © 2003 by
Rowohlt Taschenbuch Verlag GmbH,
Reinbek bei Hamburg
Umschlaggestaltung any.way,
Barbara Hanke/Cordula Schmidt
Fotografie (Titel) MAURITIUS-age,
(Rückseite) PhotoDisc®,
John Foxx Images, imagesource
Reihenlayout Christine Lohmann
Satz Proforma und Avenir PostScript
Gesamtherstellung Clausen & Bosse, Leck
Printed in Germany
ISBN 3 499 61396 4

Die Schreibweise entspricht
den Regeln
der neuen Rechtschreibung.

Meditation 135
und spiritueller Pfad

Ausblick 157
in eine neue Zeit

Einleitung

<u>Da ist etwas in unserem Herzen, das sucht.</u>

Es mag mit leiser Stimme zu uns flüstern, beharrlich, immer wieder-kehrend, oder es ruft, schmerzvoll, sehnsüchtig, vielleicht fordernd. Manchmal scheint es zu schweigen für lange Zeit, weil wir nicht mehr hinhören, um dann eines Tages mit Macht wieder hervorzubrechen, dieses ahnungsvolle Suchen nach dem, was wir nicht benennen können. Wir wissen nicht, was es ist, und dennoch haben wir die stille Gewissheit, dass es existiert.

Es muss mit Stille zu tun haben, mit einem Weg ins Innere. Intuitiv beginnen wir eines Tages nach einer Möglichkeit zu suchen, wie wir meditieren können. Manchmal spielt das Leben uns dann irgendein Buch in die Hände, oder wir treffen einen alten Freund, der meditiert, vielleicht setzen wir uns einfach hin und beginnen, irgendwie, zu meditieren. Einige finden so ihren Weg und bleiben bei «ihrer» Meditation, andere suchen weiter.

Doch was begegnet uns, wenn wir anfangen, in der Welt nach Möglich-keiten und Hilfen für einen Weg ins Innere zu suchen? Neben einer verwirrenden Vielzahl von Techniken, spirituellen Systemen und Traditio-nen treffen wir auf etwas, das sehr subtil ist: eine Welt von Vorstellungen und Konditionierungen, die sich im Verlauf der letzten Jahrtausende durch Praxis und Lehre der spirituellen Traditionen und monotheistischen Religionen ausgebildet hat. Anstren-gung, Streben, große Mühen und harte Arbeit, Körperfeindlichkeit und Transzendenz, Askese und Verzicht, Zielorientiertheit und Vergeistigung, dies sind Attribute, die uns in den Sinn kommen, wenn wir an einen ernst zu nehmenden Weg zu Gott denken. Viele Frauen sagen sich: Das ist nichts für mich. Und sie haben Recht. Die traurige Konsequenz: Die Türen der Meditation bleiben für sie verschlossen.

Andere finden Zugang zu Meditation und Schulung, verschaffen sich Eintritt in die Welt dieser Traditio-nen. Doch nicht wenige machen die Erfahrung, dass immer «etwas fehlt». Diese Weise, den Weg zu gehen, ist nur die halbe Wahrheit. Frauen und Männer sind verschieden, und der mühevolle Weg der Vergeistigung, unter Ausschluss des Lebens, in Klöstern und Kirchen ist ein Weg, der für Männer entworfen wurde. Das Wissen um die weiblichen Wege zu Gott scheint verschüttet oder verschwunden. Vergeblich suchen Frauen seit Hunderten, sogar Tausen-den von Jahren nach spirituellen Wegen, die sie im Einklang mit ihrer weiblichen Natur mitnehmen zu Gott, die ihre Sehnsucht nach Wahr-heit beantworten.

Was geschah mit dem alten weiblichen Wissen um spirituelle Transformation? Liegt es wirklich vergraben unter den Trümmern der einstigen Tempel der Priesterinnen?

Wir wissen, es hat überlebt. Dieses Wissen hat weiter gelebt wie ein Geheimnis, das verborgen und offen zugleich ist: draußen unter dem nächtlichen Sternenhimmel und in den Träumen der Frauen. Es blitzt auf im gewöhnlichen Alltag von Frauen, deren Zugang zu ihrer göttlichen weiblichen Natur offen geblieben ist, und zuweilen erscheint es spontan, wo Frauen zusammen sind, in Stille, im Tanz, im Gespräch, in Musik …
Und manchen Frauen singt dieses uralte Wissen sein Lied inmitten der leidenschaftlichen Hingabe der körperlichen Vereinigung.

Unsere Welt hungert nach den weiblichen Pfaden, dem weiblichen Weg, das Heilige wieder zu entdecken inmitten der Schöpfung. Das Geheimnis des Seins, des Zulassens, der Mühelosigkeit und Freude scheint so weit entfernt, verborgen hinter den bekannten Formen des Strebens, der Askese, der Entsagung und Zielorientiertheit einer männlichen Spiritualität. Aber es ist das, was uns Frauen leicht fällt, was unserer Natur entspricht, was die Seele – nahezu – mühelos zurückträgt in die Sphären ihrer Heimat.

Das Geheimnis liegt direkt vor unseren Füßen, und doch sind wir gewohnt, das Naheliegende zu übersehen und den Blick weit weg zu richten. Wir sind darauf konditioniert, woanders zu suchen, immer dort, wo wir nicht sind, nicht sein können.

In unserer westlichen Kultur ist Gott in den Himmel verbannt und wir auf die Erde, das Leben ist materialistisch und Spiritualität vergeistigt.

Frauen tragen ein Wissen in sich, wie sich beides verbindet, zu leben und zu meditieren. Wege dorthin, dieses Wissen zum Erwachen zu bringen, zeigt dieses Buch. Wege, die direkt vor unseren Füßen beginnen. Wege, die ihren Anfang nehmen inmitten des Lebens und zu einer Reise führen, die das Leben nicht verleugnet, sondern feiert.

Das Buch möchte Hinweise geben, Anregungen vermitteln und seit langer Zeit zugewachsene und verschüttete Pfade wieder freilegen, die Frauen einen leichten, ihrer weiblichen Natur entsprechenden Zugang zur Meditation öffnen. Seine Quellen sind meine eigenen inneren und äußeren Erfahrungen – die inneren Erfahrungen aus der Meditation und dem eigenen Weg, die äußeren Erfahrungen aus der Arbeit mit Frauen seit zwanzig Jahren und den Erlebnissen, die mir das Leben schenkte.

Es werden keine Wege aus bestimmten Traditionen und Systemen vorgezeichnet. Die Wege zu Gott sind verschieden und zahlreich entsprechend der Verschiedenheit der Seelen. Hier geht es um die *Grundmuster eines weiblichen Pfades.* Darum, wie Frauen durch einen natürlichen Zugang zur Meditation und zu einem Weg zu Gott finden können.

Es gibt so viele Wege zu Gott wie Atemzüge der Kinder der Menschheit, so steht es in heiligen Schriften. Jede Seele singt ihr eigenes Lied, und der Grundton eines spirituellen Pfades harmoniert mit der jeweiligen Melodie einer individuellen Seele. Doch zu welchem Weg auch immer eine Frau sich hingezogen fühlt, ihr Zugang ist weiblich.

Vor einiger Zeit hatte ich einen Traum, in dem es darum ging, dass die Frauen vergessen hatten, wie es ist, schwanger zu sein, wie sie schwanger werden, ja, sie kannten nicht einmal mehr die Zeichen, die ihnen eine Schwangerschaft anzeigten. In dem Traum war ich zuständig dafür, ihnen diese einfachen Dinge wieder zu zeigen. Es war eine sehr simple Aufgabe, viel einfacher als die einer Hebamme, denn es ging nur darum, an etwas absolut Essenzielles zu *erinnern*, das natürlich ist und in jeder Frau als eigenes inneres Wissen vorhanden. «Schau, dies ist der Fuß eines Babys», sagte ich zu einer Frau, durch deren gewölbten Leib sich die Konturen eines winzigen Füßchens drückten. Doch sie wusste nicht einmal, dass es *ihr* Baby war, dass sie schwanger war, obwohl es doch so deutlich bereits sichtbar war!

Wir Frauen haben vergessen, dass wir an der Quelle des Lebens sitzen. Es ist nicht so, dass wir von dort vertrieben worden sind oder dass wir diesen Ort selber verlassen haben, wir sitzen immer noch da, und wir wissen es nicht! Das Leben kommt zu uns allen durch das Weibliche, und wir Frauen sitzen ohne Bewusstsein an jener Stelle, wo das Wasser des Lebens in die Welt fließt. Doch indem wir dieses Wissen nicht für uns wieder entdecken, entziehen wir uns der Verantwortung.

Wenn wir nicht gerade ziemlich bewusstlos durchs Leben gehen oder aber versuchen, wie Männer zu sein und uns einem Ideal anzupassen, das uns selbst letztlich ausschließt, verbringen wir unsere Zeit mit Jammern und Klagen über das, was uns weggenommen zu sein scheint. Aber nichts ist wirklich weggenommen, nichts ist verloren gegangen. Wir sitzen noch immer bei der Quelle und tauchen unsere Fingerspitzen in den Strom des Lebens. Doch es wird Zeit, aufzuwachen, unser Wissen und unsere Kraft wieder in Besitz zu nehmen, um der Schöpfung willen. Es wird Zeit, die Verantwortung wieder zu übernehmen.

Die Welt hungert danach, dass weibliche Weisheit wieder bewusst wird, und das Männliche wartet und sehnt sich danach, dass das Weibliche seine Arme öffnet für eine neue Weise, zusammenzufinden.

9

Deshalb richtet sich dieses Buch nicht ausschließlich an Frauen. Das Weibliche atmet in der ganzen Schöpfung, und wie wir alle eine linke und eine rechte Körperhälfte haben, so besitzen wir alle auch beide Aspekte, einen weiblichen und einen männlichen. Jeder Mann hat eine weibliche Seite, wie jede Frau auch eine männliche Seite besitzt. Wenn sich viele der Aussagen und Anleitungen in diesem Buch auch direkt an Frauen und deren Weg wenden, so mag hoffentlich das, was tiefer liegend schwingt und von den Qualitäten und dem Mysterium des Weiblichen spricht, das Weibliche in uns allen berühren.

Und wenn es um eine Verbindung der weiblichen und männlichen Qualitäten auf einer neuen Ebene geht, so wartet nicht nur das Weibliche auf neues Leben und Wertschätzung, sondern auch im Herzen der Männer ist eine Sehnsucht zu spüren, dass Frauen den weiblichen Faden nach Jahrhunderten der Dunkelheit wieder im Licht der Sonne weben. Wir, Frauen und Männer, sind verschieden gemacht, und diese Unterscheidung ist Teil der Schöpfung und ihrer Geheimnisse. Diese Differenzierung zu erkennen, sie bewusst zu leben und auf einer neuen Ebene wieder zu vereinigen, ist Teil der spirituellen Evolution.

Dennoch: Wären die Hinweise in diesem Buch Skizzen für die Suche nach einem verlorenen Schatz, so sind es sicher die Frauen, die sich auf den Weg machen müssen, um diesen Schatz zu finden, den sie selbst vor langer Zeit vergraben haben. Deshalb sind die konkreten Anleitungen und Übungen für Frauen geschrieben. Die darunter liegende Thematik, das Weibliche wieder aufzunehmen in unsere Spiritualität, ist jedoch eine Sache, die uns alle angeht.

Zum Schluss noch einige Erläuterungen zu den praktischen Anregungen: Es ist die Rede von Übungen, Betrachtungen, Meditationen. Was ist der Unterschied zwischen ihnen, und was ist jetzt eigentlich Meditieren, wie es im Titel steht? Abgesehen davon, wie unterschiedlich diese Begriffe von verschiedenen Menschen benutzt werden, möchte ich versuchen zu erklären, wie ich sie hier benutze.

Zunächst gibt es eigentlich keinen Unterschied. Denn alles, was uns zu innerer Stille, das heißt in die Gegenwart des Göttlichen führt, können wir als Meditation bezeichnen. Doch es gibt sehr verschiedene Wege hin zu dieser Stille, und gewöhnlich nennen wir die bewusst wiederholte Praxis, um dorthin zu gelangen, eine Übung. Diese Übungen setzen an den unterschiedlichsten Punkten unseres Daseins und auf verschiedenen Ebenen an. Um zu diesen Ebenen zu geleiten, habe ich ihnen verschiedene Namen gegeben wie «Betrachtung» oder «Übung» oder «Meditation».

Meditation ist letztlich «in Gott sein», und da es «nichts gibt, was nicht Gott ist», ist dies möglich auf den verschiedensten Ebenen des Bewusstseins und auch unbewusst. Aus diesem Grunde benutze ich den Begriff durchgehend sehr weit gefasst in diesem Buch. Mit einer Ausnahme: In Kapitel 4 geht es um Meditation als bewusste Praxis innerhalb einer spirituellen Tradition.

Die hier aufgeführten Übungen verstehen sich als Anregungen. Sie sind ausgewählte Varianten aus einer Vielzahl von Möglichkeiten, innerhalb deren wir ganz spezifische Erfahrungen machen können, die uns auf einen natürlichen weiblichen Weg bringen. Ich habe versucht, diesen «Erfahrungsrahmen» so offen wie möglich zu halten und dennoch konkret und praktisch zu bleiben, damit die Leserin sie tatsächlich ausprobieren kann. Doch erhält jede Übung selbstverständlich erst dann ihre volle Kraft und Lebendigkeit, wenn sie in der Freiheit der einzelnen Frau erfahren wird, die ihre eigenen Ideen, Assoziationen und Erfahrungen einbringt. Die Anrede in den Übungen möge dabei als ein respektvolles «Du» betrachtet werden, das nicht zu nahe treten oder Grenzen überschreiten, sondern zum Herzen sprechen möchte.

Die Betrachtungen, Übungen und Meditationen sind so angelegt, dass sie aufeinander aufbauen. Es gibt eine Basis von grundlegenden Erfahrungen, die eine Frau in sich wieder erkennen kann. Aus dieser Basis heraus entfaltet sich nach und nach das Verständnis und die Erkenntnis unserer weiblichen Natur. So ist es sinnvoll, sich auf die Übungen einzulassen gemäß ihrer Reihenfolge.

Es sind Übungen für alle. Die konkreten Beispiele sind *einfache* Übungen und dennoch oder gerade deshalb so gewählt, dass *jede* von uns sie machen kann, auch diejenigen, die schon Erfahrungen mit Meditation und Übungen haben.

Einfache Übungen haben unter anderem den Vorzug, dass wir der äußeren Gestalt, dem äußeren Rahmen nicht zu viel Aufmerksamkeit widmen müssen. Vielmehr ist wichtig, in welchem Geist, in welcher Haltung wir sie machen. Es ist nicht eine bestimmte Gymnastik, die uns zu Gott bringt – auch wenn es gut ist, sich hin und wieder zu bewegen –, es ist die Art und Weise, wie wir uns hineingeben in diesen Weg, in unsere Meditation. Diese Haltung, diesen Geist habe ich versucht zu vermitteln. Doch ist mir bewusst, dass durch das geschriebene Wort dies nur begrenzt möglich ist.

Ein Ausweg aus dieser Schwierigkeit liegt in jenem Geheimnis, dass es möglich ist, uns von dem tragen zu lassen, was *zwischen* den Zeilen atmet, sozusagen im leeren Raum zwischen den Worten.

Meditation

und die Natur der Frau

Was ist ein weiblicher Weg?

Was ist ein weiblicher Weg? Auch wenn eine erste Antwort schnell gefunden ist, so weckt sie auf der Stelle neue Fragen. Ein weiblicher Weg verläuft auf eine Weise, die im Einklang steht mit der Natur der Frau. Doch was ist die Natur der Frau? Was ist es, das bewirkt, dass wir uns weiblich fühlen? Und was bedeutet es, uns «weiblich» zu fühlen? Erleben alle Frauen «Weiblichkeit» auf die gleiche Weise, meinen sie das Gleiche, wenn sie von ihrem Empfinden sprechen, sich weiblich zu fühlen? Gibt es bei aller Unterschiedlichkeit, bei der Einzig-artigkeit einer jeden Frau, etwas Gemeinsames, das wir alle als «weiblich» empfinden – über die rein körperlichen Merkmale hinaus, die uns von Männern unterscheiden? Und wie können wir uns erklären, dass es nicht wenige Frauen gibt, die sich nicht im Geringsten als «weiblich» empfinden oder dies als Attribut sogar eher ablehnen?

Je länger wir fragen, umso mehr werden wir feststellen, dass «Frau-Sein» mit gewissen Schwierigkeiten behaftet ist. Es scheint nicht leicht zu sein, sich selbstverständlich und natürlich als weiblich zu empfinden. Niemand, so kommt es uns vor, kann uns wirklich überzeugt und unkompliziert vermitteln, was das ist: die weibliche Natur.

Diese Schwierigkeiten treffen zumindest auf jene Frauen zu, die in einer westlichen Kultur des 20. Jahrhunderts aufgewachsen sind. Dabei mangelt es nicht an Bildern, äußeren Vorstellungen und Konzepten vom Frau-Sein, angefangen bei den mannigfachen Darstellungen von idealen oder vermeintlich verführerischen Frauenkörpern, die uns aus den Werbeprospekten und Medien tagtäglich anschauen. Weiter reicht die Palette der Bilder über das der modernen Ehefrau und zeitgemäßen Mutter bis hin zur Karrierefrau und schließlich den Konzepten einer feministischen Anschauung über «befreite» Frauen. Wir sind mit Anschauungsmaterial über das Frau-Sein in modernen Zeiten, im hoch entwickelten Westen, gut versorgt.

Doch was hat all dies zu tun mit dem *inneren* Gefühl, eine Frau zu sein? Diese Flut der Bilder überwältigt uns und bestimmt vielfach unsere Vorstellung von dem, was wir weiblich nennen.

Weiblichkeit jedoch ist auch eine innere Qualität. Die eigene Natur als Frau zu empfinden und zu leben geschieht aus einem Kontakt mit unserer tiefsten inneren Natur. Es hat etwas mit Echtheit zu tun, mit dem, was wir wirklich sind.

Die Suche nach der Wahrheit, alles Suchen, das sich auf Bereiche richtet, die jenseits der oberflächlichen Erscheinungen liegen, schließt immer die Frage ein: Wer bin ich wirklich? Wo komme ich her, wo gehe ich hin? Was ist die eigentliche, die essenzielle Wahrheit in mir, was ist meine tiefste Natur – jenseits von dem, was meine Mutter, mein Vater, meine Freunde oder auch meine Feinde über mich sagen, und was ich selbst von mir glaube. Wer bin ich, was ist mein wirkliches Wesen im Unterschied zu Vorstellungen und Gedankenmustern, die mich umgeben, die ich mir angeeignet habe?

Was ist Meditation?

Meditation ist ein Weg, sich der Wahrheit zu nähern. In der Meditation geschieht dies über die eigene Erfahrung. Jede so genannte Wahrheit, über die uns jemand anderes berichtet, die gepredigt oder gelehrt wird, ist erst einmal, solange sie nicht selbst erfahren ist, eine Wahrheit aus zweiter Hand. Wir können sie annehmen oder zurückweisen, beides ist eine Sache des Glaubens. Machen wir jedoch selbst eine Erfahrung, so gehört sie zu uns, ist ein Teil von uns.

Stellen wir uns vor, wir hätten noch nie eine Rose gesehen, vielleicht auf einer Abbildung, aber noch nie wirklich, «in Natur». Wir könnten beschreiben, wie sie aussieht, könnten von der Schönheit ihrer Blüten sprechen, wenn wir den Bildern, die andere von ihr gemacht haben, Glauben schenkten oder die Fotografien nur genügend studiert hätten. Doch wir würden sie nicht kennen. Wir wüssten nicht, wie sie duftet,

wie es sich anfühlt, wenn wir zart mit unseren Fingerspitzen über ihre seidigen Blütenblätter streichen. Wir wüssten auch nichts von dem Schmerz, den es verursacht, wenn ihre Dornen uns stechen. Wiederum könnten wir den Beschreibungen lauschen, könnten wiedergeben, dass der Duft der Rose süß ist, das Gefühl, ihre Blütenblätter zu berühren, seidig und zart und der Schmerz stechend ist, wenn ihre Dornen unsere Haut verletzen. Allein es fehlte uns die Erfahrung und damit unser ganzer Bezug zur Natur der Rose. Was wissen wir über den Duft der Rose, wenn wir ihn noch nie wahrgenommen haben? Und was geschieht, wenn ihr Duft uns einmal erreicht und berührt hat? Wir vergessen ihn nicht mehr, er lebt in uns, ist ein Teil von uns geworden. Zu glauben, dass eine Rose eine wunderschöne Blume ist und den Duft einer Rose zu riechen oder die Leuchtkraft ihrer Farben wahrzunehmen sind zwei völlig verschiedene Dinge, ebenso wie es einen himmelweiten Unterschied gibt zwischen dem Glauben, Schokolade schmecke gut, und dem Erlebnis, sie in ihrer Süße auf der Zunge zergehen zu lassen.

Wollen wir nun die Wahrheit wissen, über uns selbst, über den Kosmos, die Schöpfung und was jenseits davon ist, oder wie immer wir es benennen mögen, so ist es unumgänglich, dass wir die Erfahrung suchen – die eigene Erfahrung.

Meditation ist ein Weg der Erfahrung, nicht des Glaubens.

Wir kennen «äußere» und «innere» Erfahrungen, wenn auch beide nicht wirklich voneinander getrennt sind. In der Meditation mag sich nicht viel in der äußeren Welt ereignen oder bewegen, und doch können wir tiefe innere Erfahrungen haben.

Weil wir die Wahrheit suchen, oder zumindest einen Zipfel davon, meditieren wir und können, wenn wir dies aufrecht und ernsthaft tun, etwas von dem erfahren, wie die Dinge wirklich sind. Wir nähern uns der eigentlichen Natur der Wirklichkeit und der innersten Natur unserer selbst.

Auf der Suche nach sich selbst begegnet eine Frau auch dem weiblichen Aspekt ihrer Natur. Herauszufinden, wer sie ist, heißt für sie auch, zu erfahren, was es für sie bedeutet, eine Frau zu sein. Meditation im weitesten Sinne kann so zu einem Pfad werden, der uns durch die Landschaft der wahren Natur unserer selbst zur Erfahrung unserer Weiblichkeit, unseres Frauseins führt.

Meditation hilft uns, das wieder in uns zu vereinen, was in uns getrennt und abgespalten und dadurch manchmal auch sehr fremd geworden ist. Wir nennen das eine Erfahrung der Einheit, was sich sehr großartig oder abstrakt anhört, in Wirklichkeit aber ganz einfach und für jeden Menschen erfahrbar ist. Wenn sie auch selten sind, so kennen wir alle diese Momente der Ruhe in uns, der Zufriedenheit. Wir sagen dann: «Ich bin eins mit mir». Und genau das ist es: In jenen kostbaren Momenten sind wir einfach wir selbst. Mit allem, was zu uns gehört. Wir nehmen alles an, es gibt kein Wenn und Aber, und nichts ist wirklich getrennt. Alles gehört einfach dazu. Wir sind ganz echt in jenen Momenten, real und authentisch. Wir sind ungeschminkt und in gewisser Weise nackt, im Sinne von «pur», und gleichzeitig fühlen wir uns – vielleicht ausnahmsweise – absolut wohl in genau dem, was wir sind.

Unsere natürliche Weiblichkeit wieder zu finden, und zwar so, wie sie sich ganz individuell für uns darstellt und anfühlt, könnte auf genau diese Weise verlorene oder vergessene Aspekte unserer selbst wieder zu uns zurückbringen und, was lange Zeit als getrennt und nahezu fremd oder unerkannt erlebt wurde, wieder in die Einheit unserer selbst zurückführen. Da dieses «Selbst» nicht isoliert existiert, sondern als ein Teil in einem unendlichen Kosmos, bringt uns jeder Schritt zu unserem Inneren auch gleichermaßen auf den Weg nach Hause, den Ort, «wo wir herkommen, wo wir hingehen», und gleichzeitig verbindet er uns mit der uns umgebenden Welt.

Wenn nun Meditation ein solcher Weg ist, so halten wir einen Moment inne, um uns mit dem zu beschäftigen, was in der Meditation selbst geschieht.

Was ist Meditation, was hat es auf sich mit dieser Sache, die manchmal danach klingt, als sei sie ein Wundermittel für alle Unannehmlichkeiten des Lebens? Eines von jenen Wundermitteln, die nie wirklich greifbar sind und die manche dazu veranlassen, darüber zu sprechen, als handle es sich um ein Geheimwissen für Auserwählte, während andere einen Bogen darum machen aufgrund der Assoziationen von Exotik, Okkultismus und Unheimlichem, mit dem man nichts zu tun haben möchte. Verschiedene Bücher definieren und beschreiben Meditation unterschiedlich. Gewisse einschlägige Begriffe tauchen in diesem Zusammenhang jedoch immer wieder auf. Wir erfahren von Qualitäten wie Ruhe, Stille und Frieden, von psychischen und mentalen Zuständen wie Ausgeglichenheit, Harmonie und Klarheit, von anspruchsvollen und schwer konkretisierbaren Begriffen wie denen der Leere, des Nichts und der Einheit. Was hat es nun auf sich mit jenen Qualitäten, Zuständen und abstrakten Begriffen? Ist Meditation auch etwas, das möglicherweise auf eine einfachere Weise fassbar ist, zugänglich nicht nur für «Eingeweihte», sondern auch für uns «Normalsterbliche», und wie können wir einen lebendigen Zugang bekommen zur Meditation? Welche der verschiedenen Arten von Meditation ist nun die «richtige»?

Zunächst ist es wichtig, zu erkennen, was das Gemeinsame ist an allen Meditationsformen, das Wesentliche, das sich hinter dem Schleier all jener wunderbar klingenden Begriffe verbirgt.

Jeder kennt den Zustand der Meditation

Meditation ist ein Seinszustand. Und Meditation ist ein Weg. Es ist beides zugleich. Das ist in Wahrheit viel weniger abstrakt, als es klingt. Es ist so einfach wie die Tatsache, dass Meditation ein Zustand ist, der im Kern keiner menschlichen Seele fremd ist. Jeder Mensch ist für Momente in seinem Leben einmal in Meditation gewesen. Diese Zustände mögen für den Bruchteil einer Sekunde nur existiert haben, scheinbar zufällig und völlig unbemerkt von unserem Verstand «über uns gekommen» sein, doch sie gehören zu uns, gehören zu unserer Seele, und etwas in uns hat sie bemerkt, hat uns erinnert an etwas, das vielleicht weit entfernt und doch sehr real scheint. Beginnen wir nun, diese Zustände mit Hilfe eines Weges, einer Technik, bewusst herbeizuführen, um darin zu verweilen, so nennen wir das «meditieren». So wie wir uns in einer gewissen Sportart oder in einer der Künste ständig verbessern und weiterentwickeln können, indem wir trainieren, lernen, Erfahrungen machen und üben, so verfeinern und entwickeln wir natürlich auch unsere Meditation durch Erfahrung und Übung.

Es spielt hier keine Rolle, von welchem Zeitpunkt des Praktizierens, von welcher Stufe der Entwicklung an wir dieses Unterfangen als Meditation bezeichnen. Vielleicht können wir sagen, bewusste Meditation beginnt in dem Moment, wo wir freiwillig und wissentlich versuchen zu meditieren oder erkennen, dass das, was wir tun, eine Form unserer Meditation ist.

Die Eigenschaften der Meditation

Um welchen Seinszustand handelt es sich nun in der Meditation und um welchen Weg? Wo beginnt er und wo führt er hin?

Das wesentliche Gemeinsame einer jeden Meditation ist, dass wir zu einem Ort in uns selbst gehen. Die einen nennen ihn die innere Mitte, andere das Herz, in jedem Fall existiert an diesem Ort eine Ruhe, die wir in unserem gewöhnlichen Alltag nicht kennen. An diesem Ort sind wir nicht hin- und hergeworfen zwischen Gefühlen und gegenläufigen Gedanken, werden nicht getrieben von Emotionen oder Werturteilen über uns selbst oder die uns umgebende Welt. Hier werden wir nicht gehetzt, stehen nicht unter Druck, haben nicht das Gefühl, etwas falsch machen zu können, oder den Drang, etwas erreichen zu müssen oder uns besser zu fühlen als andere. Hier können wir in Ruhe die Dinge betrachten, wie sie wirklich sind. Klingt gut, mögen die einen sagen, aber solch ein Ort soll auch in mir existieren? Träumeland, sagen andere, aber was hat das mit «Wirklichkeit», mit der harten Realität zu tun? Die Antwort für beide ist: Zum Ersten, ja, dieser Ort existiert in jedem Menschen, da jeder Mensch eine Seele hat. Zum Zweiten: Wir können aus sehr verschiedenen Perspektiven auf das blicken, was wir die Realität nennen. Unser Verstand sieht die Dinge so, wie sie in seine Muster passen, in jene Wertvorstellungen und Glaubensmuster, die uns beigebracht wurden und die wir als wahr übernommen haben. Gelingt es uns jedoch, diese Begrenztheit zu verlassen und von einer anderen Bewusstseinsebene aus zu schauen, so dreht sich in gewisser Weise der ganze Sinnzusammenhang. Wir sehen dann, dass die Dinge sind, wie sie sind, spüren, dass es einen umfassenden Sinn gibt für alles, was geschieht, und dass diese Zusammenhänge weit über unsere eigenen Verstandesmöglichkeiten hinausweisen. Damit stellt sich ein Gefühl des Annehmens ein. Die Haltung des Akzeptierens führt zu einem Zustand des Friedens, da wir nicht mehr bekämpfen müssen, was unseren

Werturteilen zum Opfer fällt. In einem friedlichen Zustand wiederum öffnen wir uns, werden durchlässiger und sind in der Lage, mehr zu sehen und wahrzunehmen als in einem Zustand, in dem wir durch die Wogen von Emotionen und Gedanken auf und ab bewegt werden.

Zu dieser anderen Sichtweise gelangt man durch Meditation. Wir schauen mit dem Herzen auf die Dinge statt mit einem urteilenden Verstand. Diese Sichtweise beschreibt die Qualitäten jenes Ortes in uns selbst, den wir in der Meditation aufsuchen: Ruhe, Ausgeglichenheit, Offenheit, Frieden. Wir alle sehnen uns nach diesen Qualitäten, doch bemerken wir, dass da noch mehr ist, etwas, das dahinter liegt, wo es uns hinzieht. Haben wir zum Beispiel diese Ruhe gefunden, von der wir sprachen, so geht unsere Sehnsucht weiter, die Stille zu spüren. Stille ist umfassender, tiefer, sie hat eine Qualität von Zeitlosigkeit und ist – zu unserem Erstaunen – voller Liebe! Es gibt eine Stille, die ist voller Leben, wie ein großes Versprechen, und gleichzeitig eine Quelle, die uns nährt und Kraft gibt für unsere alltäglichen Aufgaben. Meditation ist der Weg hin zu dieser Stille und gleichzeitig der Zustand, in ihr zu sein.

Die Art und Weise, wie wir die Dinge betrachten, und wir selbst sind nicht mehr getrennt, die Betrachtenden und das, worauf wir schauen, werden eins. Allmählich tauchen wir ein in

eine Stille, die aber nicht außerhalb des Lebens existiert, sondern vielmehr alles Leben – und noch viel mehr – in sich birgt. Auf diese Weise nähern wir uns der Erfahrung dessen, wer wir wirklich sind, auf unsere eigene individuelle Weise. Jede Meditation ist anders, und jeder Mensch erlebt sie anders. Immer wird sie eine unvergleichliche subjektive Erfahrung sein, und gleichzeitig ermöglicht sie Erkenntnisse, die etwas Universales haben.

Formen der Meditation

Im Laufe der Jahrhunderte und Jahrtausende, in denen die Menschen auf der Suche nach dieser lebendigen Quelle der Stille Lehren, Rituale und Techniken entwickelt haben, bildeten sich entsprechend der verschiedenen Wege und Religionen auch unterschiedliche Formen der Meditation heraus. Die erste und prägende Form, die den meisten Westeuropäern der Generationen des 20. Jahrhunderts als Ausdruck von Suche und Anbetung des Göttlichen begegnet, ist die Religion des Christen- oder Judentums. Die Formen des christlichen Gebets, die Idee des christlich-jüdischen Gottes und die Rituale und Liturgien der Kirchen sind vielleicht für viele die ersten und vorerst einzigen, die unsere Vorstellung von «Gott», von Gebet, Meditation und Wahrheitssuche geprägt haben. Doch wir wissen, dass Menschen zu allen

Zeiten in allen Kulturen gesucht haben nach dem Absoluten, das in der christlich-jüdischen Tradition den Namen Gott trägt. Wir hören von Einsiedlern und Mönchen, von Schulen und Klöstern aus verschiedenen Religionen, die durch gewisse Übungen und Gebete, durch Meditation, nach jener Stille suchten und suchen, in der wir die Wahrheit erkennen und das Göttliche verehren können. Unsere Welt kennt heute eine Vielzahl sehr fein entwickelter Techniken der Meditation, erfahren und geübt von vielen Generationen von Suchenden, über die Jahrhunderte hoch entwickelt von spirituellen Meistern. Neue Formen bilden sich heraus, die Synthesen darstellen aus verschiedenen Traditionen und moderne wissenschaftliche Erkenntnisse zu integrieren versuchen. Verschiedene Techniken werden dabei genutzt, doch allen unterschiedlichen Formen gemeinsam ist die Suche des Menschen nach einer essenziellen Wahrheit, die hinter den oberflächlichen Erscheinungen liegt. Um hinter diesen Vorhang von Erscheinungen blicken zu können, ist es notwendig, einen Bewusstseinszustand zu erreichen, der hinter unserem eng begrenzten Verstandesbewusstsein liegt. Wir versuchen also in der Meditation, unsere Gedankentätigkeit zur Ruhe zu bringen, still zu werden oder – wie es auch genannt wird – unseren Geist leer werden zu lassen. Gewöhnlich sind wir angefüllt mit unendlich vielen Dingen, Gedanken, Gefühlen, Erinnerungen, und immer wieder neu wird produziert. Wie ein nicht enden wollendes Fließband läuft der Strom unserer Gedanken, und nur einen Bruchteil davon nehmen wir bewusst wahr. Doch auch die Gedanken, die wir bewusst gar nicht bemerken, nehmen Raum ein, sodass neue Inspirationen keinen Platz finden können.

Um den Gedankenfluss zur Ruhe zu bringen, haben die spirituellen Traditionen ihre verschiedenen Techniken entwickelt. So spielt in manchen Techniken die Konzentration auf den Atem eine wichtige Rolle, in anderen das Wiederholen gewisser heiliger Silben durch Gesang oder Rezitation, wiederum andere Meditationen werden durch bestimmte Vorstellungsbilder geleitet. Es gibt jedoch auch Meditationen, die weitgehend auf äußere Formen und Vorgaben verzichten und die Stille oder die Leere direkt zum Fokus machen oder einfach über das Gefühl der Liebe versuchen, den Verstand still werden zu lassen. Viele der verschiedenen Meditationstechniken sind mit klaren Vorgaben für die Körperhaltung verbunden.

Nicht jede Technik ist für jeden Menschen geeignet. Doch gibt es eine natürliche Anziehungskraft, die dem Suchenden hilft, die

Meditation zu finden, die seiner Natur entspricht.

Gibt es eine weibliche Art zu meditieren?

Welche Art von Meditation, abgesehen von individuellen Unterschieden, ist nun für Frauen geeignet? Wenn eine Meditation über lange Zeiträume hinweg von Männern praktiziert wurde und auf deren Weg der inneren Entwicklung zugeschnitten ist, so bedeutet dies nicht, dass diese Meditation unbedingt auch für eine Frau richtig ist. Wenn also eine Frau über die Meditation einen Zugang zu ihrer wahren und damit auch ihrer weiblichen Natur sucht, kann sie diesen kaum auf einem Weg finden, der für die Natur des Mannes entwickelt wurde. Tatsache ist jedoch, dass ebenso wie das individuelle Gefühl zur eigenen Weiblichkeit auch die weiblichen Wege zu Meditation und Spiritualität weitgehend verschüttet sind. Im Bereich von Spiritualität und Meditation scheinen wir schlichtweg vergessen zu haben, dass es zweierlei Geschlechter gibt. Es mag wohl nahe liegen, einem biologischen Unterschied in einem «geistigen Bereich» keine Bedeutung zuzumessen. Doch selbst wenn der Unterschied zwischen Frauen und Männern nur biologischer Natur wäre, so würde es jedoch schon Sinn machen zu differenzieren, denn Menschen meditieren in einem physischen Körper. Da der Unterschied zwischen Frauen und Männern aber nicht nur ein biologischer ist, sondern weiblich und männlich jeweils eine Qualität beschreiben, die alle Ebenen des menschlichen Seins – physisch, psychisch und geistig – durchdringt, leuchtet es umso mehr ein, dass Frauen einen anderen Zugang zur Meditation haben müssen als Männer. Wir wissen nicht, wie viele der Widrigkeiten, die meditierende Frauen ihrem individuellen Versagen zuschreiben, in Wahrheit aus der Schwierigkeit rühren, sich Übungen zu unterziehen, die ihrer Natur widersprechen.

Wie aber könnte ein *weiblicher* Weg aussehen, was ist eine weibliche Art zu meditieren? Auf welche Weise können wir Frauen meditieren, um uns unserer eigenen weiblichen Natur wieder zu nähern, zu erfahren und zu erleben, was es bedeutet, als Frau in diese Welt geboren worden zu sein? Beginnen wir mit den ersten tastenden Schritten, in denen wir uns den Geheimnissen der weiblichen Natur nähern. Mehr und mehr können wir uns erinnern an Dinge, die verschüttet, aber nicht verloren sind. Je mehr wir in uns wachrufen, umso beschwingter werden unsere Schritte, um schließlich in jenen Tanz zu münden, den unsere weibliche Reise feiert.

Mysterien

des Weiblichen

Die Seele ist unsere unmittelbare Verbindung zum Göttlichen, für jeden von uns, und auf dieser Ebene des reinen Seins gibt es keinen Unterschied zwischen Frauen und Männern. Seele ist Seele. In ihrer Beziehung zu Gott, so sagen beispielsweise die Mystiker, ist jede Seele weiblich. Warum ist der Weg zur Wahrheit dann für Frauen anders als für Männer? Die Antwort ist, weil dieser Weg hier auf dieser Erde beginnt und hier auf dieser Erde fortschreitet. Und auf dieser Erde sind wir Frauen *oder* Männer. Diese Unterschiedlichkeit verkörpert das fundamentale Prinzip der Schöpfung, dass aus Einem Zwei werden. Alle physische Realität beherbergt die Dualität: Tag und Nacht, Licht und Dunkel, hoch und tief, außen und innen, weiblich und männlich.

Unser innerer Weg, sei es als die Suche nach der Wahrheit oder den Weg nach Hause, ist immer eine Reise aus dem, was geteilt, zerstreut in verschiedene Facetten, auch widersprüchlich und gegensätzlich ist, zurück zu dem Ort, wo es ganz ist und eins. Deshalb heißt es, die innere Reise sei eine Reise von der Dualität in die Einheit. Der Ort, von dem wir ausgehen, ist unser Leben, unsere physische Realität, unsere Wahrnehmung von der Welt und unsere Art und Weise, uns auf sie zu beziehen. All das ist für Frauen anders als für Männer, folglich kann auch die Suche nach der Wahrheit, die hier beginnt, nicht auf die gleiche Weise geschehen. Wie ihr Fühlen, Denken und Wirken, ihre Aufgaben in der Welt andere sind, so sind auch Meditation und die spirituellen Wege für die Frau anders als für den Mann. So wie der Körper einer Frau anders geschaffen ist als der eines Mannes, so geschieht auch die Erkenntnis des Göttlichen innerhalb dieser Schöpfung auf eine andere Weise.

Nun, was ist eigentlich anders? Abgesehen davon, dass wir nahezu vergessen haben, dass es einen weiblichen Weg gibt, erkennen wir, dass wir kaum noch Zugang haben zu dem, was die weibliche Natur ist. Die weibliche Natur ist der Ausgangspunkt unserer Reise und gleichzeitig die Landschaft, durch die dieser Pfad verläuft.

Wir sprechen vom Vergessen, doch tief in einem verborgenen Winkel wissen wir, dass wir nicht wirklich, nicht völlig vergessen haben. Hier und da lichtet sich ein Vorhang in der Dunkelheit, doch was wir dahinter erblicken, ist nicht klares Sonnenlicht, sondern ein Nebel des Geheimnisvollen. Das «Anderssein» des Weiblichen ist immer umgeben von den Schleiern eines Geheimnisses. Jedes Mysterium bleibt ein Mysterium, weil das Unergründliche sich nicht ausdrücken lässt. Gleichzeitig trägt das Mysterium die Bestimmung in sich, sein Geheimnis zu enthüllen, eines Tages, zur richtigen Zeit. Etwas, das wir schon immer irgendwo wussten, wird enthüllt, und gleichzeitig lebt das Mysterium fort. Vor diesem Paradox stehen wir, wenn wir uns den Geheimnissen des Weiblichen nähern. Was sind die Geheimnisse, die dennoch so offensichtlich sind?

Der Tanz in die Schöpfung – Geboren in einen weiblichen Körper

«Eine Frau ist immer rein, sie ist rein wie Gold oder wie die Erde.»

Bhai Sahib

Es gibt ein Geheimnis der Schöpfung, das der Frau, und nur ihr, anvertraut wurde. Jede Seele, die mit einem weiblichen Körper in dieses Leben geboren wird, hat Teil an diesem Mysterium. Jede Frau trägt das in diesem Geheimnis verborgene Wissen in sich.

Es ist dieses Wissen, das uns Frauen dazu befähigt, auf eine einzigartige Weise an der Schöpfung teilzuhaben. Indem wir unser Leben leben, schöpfen wir aus dieser Quelle. Sobald wir in diese Welt geboren sind, beginnen wir, erst uns und später auch andere aus dieser Quelle zu nähren, ohne dass uns dies bewusst ist. Es geschieht einfach dadurch, dass wir aufwachsen und zu dem werden, was wir sind.

Doch der individuelle Zugang zu dieser Quelle kann sehr unterschiedlich sein. Wie nah oder wie weit entfernt sind wir von ihr, wie tief verschüttet ist unser Zugang? Wie intensiv nutzen wir die Quelle unseres weiblichen Wissens und unserer weiblichen Kraft?

Wir leben in einer Kultur, die keine Kenntnis mehr hat von der Schönheit, Weisheit und Kraft der weiblichen Natur, keine Wertschätzung mehr für die Qualität, die sie dem Leben gibt.

Viele von uns lernen die Möglichkeiten und den Reichtum, den uns dieser ursprüngliche Ort bietet, nicht mehr kennen. Wir haben keine Ahnung mehr davon, was es bedeuten könnte, unsere Weiblichkeit *ganz* zu leben. Der Fluss zwischen jener Quelle und unserem Leben ist auf ein Minimum reduziert, gerade so kräftig wie nötig, um überleben zu können.

Doch die Quelle ist über alle Maßen reich, sie ist unerschöpflich. Denn sie enthält das ganze Wissen um die Schöpfung.

Schöpfung ist ein weibliches Mysterium. Nur der Mensch, als einziges Wesen in der Schöpfung, ist versehen mit der Gabe des Bewusstseins. So besitzt allein die Frau das Potenzial, dieses Mysterium durch ihr *Leben* ins Licht des Bewusstseins zu bringen. Dies ist Teil der geistigen Reise, des Weges von Entwicklung, Erkenntnis und spiritueller Umwandlung für die Frau.

Indem wir das uns innewohnende Wissen bewusst machen *und* leben, bringen wir es zurück zur göttlichen Quelle, versehen mit dem Stempel unseres eigenen individuellen Lebens. Wir selbst durchlaufen dabei einen Prozess, durch den unser Leben erhellt und von mehr Licht durchdrungen wird.

Die Schöpfung ist ein Tanz, lustvoll und spielerisch, voller Wunder und Schönheit, ein leidenschaftlicher Tanz, der aus dem tiefen Wunsch des Einen entspringt, sich in der Vielheit zu spiegeln. Die Suche nach der Wahrheit beginnt inmitten der Schöpfung und führt zurück zur Quelle in einem Tanz, der ebenso leidenschaftlich und voller Schönheit ist.

Betrachten wir also unseren Weg zur Wahrheit als einen Tanz, so wie die ganze Schöpfung ein Tanz ist. Eingeschlossen in die Grenzen dieser Welt erinnert sich die Seele eines Tages oder eines Nachts an dieses Etwas, an diese unglaubliche Liebe, an das Grenzenlose, Unsagbare, das sie mit Ahnungen und Sehnsüchten erfüllt. Mit einem Mal wird uns bewusst, wir sind auf der Suche. Welches sind jetzt die treibenden Kräfte für die Bewegungen des Tanzes, woher kommt die Musik, welcher Art sind die Bewegungen, wohin die Richtung?

Das Herz des Tanzes ist das weibliche Mysterium selbst. Da es auf jeder Ebene unseres Seins wirksam ist, muss jede Ebene mit eingeschlossen werden, die geistige, psychische und auch die physische Ebene. Meditation beginnt im Leben, im Körper, in jeder Zelle, und so begeben wir uns zunächst auf die Spuren des weiblichen Mysteriums in unserem weiblichen Körper.

Biologische Natur

Die göttliche Schöpfungskraft manifestiert sich auf der dichtesten aller Ebenen in der Sexualität und der Fortpflanzung. Diese Kraft, die nichts anderes ist als das Leben, das nach sich selbst ruft, ist Teil unserer instinktiven Natur.

Wenn durch die Vereinigung von Frau und Mann ein Kind entsteht und eine Seele in die Welt kommt, so geschieht dieser Prozess des Werdens durch die Frau. Sie ist versehen mit den Anlagen und Fähigkeiten, das Kind in sich zu empfangen. Ihr Körper besitzt die Möglichkeiten, einem kleinen menschlichen Wesen Raum zu geben, um zu wachsen und zu reifen. Sie ist veranlagt mit den physischen Kräften, dieses Kind in die Welt zu bringen und es mit ihrem Körper, ihren Brüsten, zu nähren, wenn es geboren ist. Auf der physischen Ebene sind dies biologische, instinktive Kräfte, die im Bereich der Natur wurzeln und nicht nur beim Menschen vorhanden sind. Was die Frau jedoch unterscheidet von einem weiblichen Säugetier, das diese instinktiven Kräfte ebenso oder noch unverstellter zur Verfügung hat, ist das Bewusstsein.

Eine Frau weiß, spätestens ab einem gewissen Zeitpunkt, dass sie schwanger ist. Sie weiß, dass nach einem gewissen Zeitraum ein Baby in ihren Armen liegen wird. Ebenso weiß sie, dass sie das Kind über ihr eigenes Blut und mit jedem Atemzug nährt.

Auf einer tieferen Ebene weiß sie, dass sie einer Seele hilft, in dieses Leben zu kommen. Sie hat Teil an dieser unermesslichen Freude. Vielleicht mag diese Freude überlagert sein von Sorgen oder sogar Ängsten, doch tiefer unter diesen Gefühlen ist fast immer eine Art geheimen Strahlens und Leuchtens wahrnehmbar. Wenn wir jemals aufmerksam beobachtet haben, werden wir dieses Strahlen in schwangeren Frauen, vielleicht sogar bei uns selbst, bemerkt haben, von welchen Lebensumständen oder Gefühlen auch immer begleitet.

Die biologischen Funktionen, die es ermöglichen, unmittelbar an dem Schöpfungsprozess mitzuwirken, ein neues Kind ins Leben zu bringen, sind begleitet von gewissen psychischen Fähigkeiten. Sie wurzeln in dem weiblichen Wissen darum, was gebraucht wird, und münden in der Fähigkeit, sich dem Prozess des Werdens ganz und gar zur Verfügung zu stellen und unmittelbar auf die Forderungen des Lebens und der Schöpfung zu reagieren und zu antworten. Intuitiv weiß eine schwangere Frau, welche Speisen sie nähren und welche sie vermeiden sollte. Diese Intuition bezieht sich auf alle Ebenen des Daseins ihres Kindes und ermöglicht ihr, für es zu sorgen, auch später, wenn das Kind geboren ist. Wie eng die physischen und psychischen Fähigkeiten zusammenarbeiten, wie unmittelbar der weibliche Körper dieses Wissen lebt, wird an vielen Beispielen deutlich. Die Milch in der Brust, beispielsweise, beginnt zu fließen im gleichen Augenblick, wo die Mutter einen hungrigen Laut des Babys hört, auch wenn das Baby räumlich noch weit weg ist und lange bevor es zu saugen beginnt.

Es ist die Ganzheit des Lebens, die der Frau diesen Zugang ermöglicht. Ganz unabhängig davon, ob sie jemals die tatsächliche Erfahrung der biologischen Mutterschaft macht oder nicht, wünscht oder auch nicht, dieser Zugang zu dem Ort, wo alles Leben eins ist, und das Wissen um die Schöpfung sind in ihre weibliche Natur gelegt. So wie die Frau Füße hat, mit denen sie über diese Erde läuft, wie sie Hände hat, mit denen sie schafft, so hat sie diese instinktiven Kräfte, an der Schöpfung mitzuwirken, zu nähren und zu sorgen, ganz gleich, wie sie dies leben wird. Schwanger zu werden und ein Kind zu gebären ist ein direkter ganz körperlicher Ausdruck, aber nicht die einzige Form, wie sich diese Kräfte leben können. In allen Aspekten des täglichen Lebens können die Sorge für das Leben und das intuitive Wissen darum, was gebraucht wird, zum Ausdruck kommen. Eine weibliche Weise, an der Schöpfung mitzuwirken, mag sich im Bereich der Sorge für Nahrung und damit auch für die Erde und ihre Tier- und Pflanzenwelt ebenso erfüllen wie im gesamten Feld der sozialen Beziehungen, wie auch in Aufgaben, die von so genannten traditionell weiblichen Berufen und Tätigkeiten weit entfernt sind. Eine Frau, die aus der Quelle jener instinktiven Kräfte heraus ein Unternehmen aufbaut und organisiert, lebt ihren weiblichen Anteil an der Schöpfung ebenso wie eine Künstlerin oder eine Frau, die auf diese Weise therapeutisch tätig ist oder wissenschaftlich forscht. Jede Frau hat potenziellen Zugang zu diesem Mysterium, ganz gleich, ob sie Kinder hat oder keine.

Dieses Wissen um das Mysterium der Schöpfung ist in den weiblichen Körper eingepflanzt. Die erste Menstruation ist die Einweihung, nicht nur in die neue Stufe des Frauseins auf der biologisch-physischen Ebene, sondern auch in die Stufe einer Reife, auf der die Frau Zugang zu diesem Mysterium hat. Das Einsetzen der Menstruation zeigt eine innere Bereitschaft an: Das Wissen, das wie ein Keim in ihren Zellen ruht, kann in ihrem Herzen erweckt werden, dort reifen und Früchte tragen, ganz gleich und unabhängig davon, ob die Frau in ihrem Leben einmal schwanger werden wird oder nicht.

So hat die Initiation durch die erste Menstruation für ein junges Mädchen nie nur eine körperliche Dimension, etwa als Eintritt in das «biologische Leben» einer Frau. Vielmehr ist die erste Menstruation auch eine spirituelle Initiation.

Betrachtung

Wo immer du gerade bist, sitzt, stehst oder liegst, während du dies liest: Schließe einfach für wenige Momente deine Augen und betrachte mit innerer Aufmerksamkeit das, worüber wir hier sprechen. Betrachte es auf deine ganz eigene Weise der Wahrnehmung, bevor du versuchst, es über die Worte und Erfahrungen eines anderen Menschen zu verstehen.

→ Nimm bewusst ein paar tiefe Atemzüge und folge dem Atem bis in den Bauch und in dein Becken. Spüre das Leben in dir. Vergegenwärtige dir die Kraft des Lebens, in dir und in allem, was dich umgibt. Dahinter steht eine Kraft, die ins Leben treibt, ins Leben kommen will, immer wieder neu. Dies ist die schöpferische Energie des Göttlichen. Diese Kraft manifestiert sich auch in dir und deinem Körper.

Spüre einigen Fragen nach, so als öffnetest du in einem Haus verschiedene Türen, die dir Einblick verschaffen in die einzelnen Räume:

→ Kann ich diese schöpferische Kraft spüren? Wie zeigt sie sich in mir? Vielleicht ist da etwas, dessen ich mich vorher schämte, was mir nicht akzeptabel erschien, nicht geistig genug? Kann ich das Gespür für die dahinter liegende Kraft in diesem Moment zulassen? Ist da möglicherweise die Ahnung, immer in Verbindung mit dieser Kraft gewesen zu sein, doch vielleicht ohne dass ich mir dessen bewusst war? Vielleicht zeigt sie sich gerade jetzt in einem ganz bestimmten Aspekt, vielleicht wird sie deutlich in mehreren ganz unterschiedlichen Aspekten: Als eine dynamische Kraft, die mir die instinktiven Möglichkeiten gibt, etwas ins Leben zu bringen ... Oder als die Freude und Aufregung, die mich erfasst, wenn ich auf intensivste Weise kreativ bin, eine Idee habe und dabei bin, ihr eine Form zu geben ... Vielleicht wird auch ein sehr feines Gefühl spürbar, nicht direkt im Körper, sondern dicht daran, wie ein feines Summen. Ein Summen, das von der Ahnung erzählt über das, was noch nicht ist und sein wird ...

→ Kommen dir Erinnerungen in den Sinn, Momente in deinem Leben, in denen du diese Kraft deutlich spüren konntest? In diesem

Augenblick hast du den Raum, diese Erfahrungen wertzuschätzen, sie zu würdigen.

→ Gehe mit der Aufmerksamkeit in deinen physischen Körper zurück. Vergegenwärtige dir, dass du einen weiblichen Körper hast, versehen mit all den Möglichkeiten und Anlagen, die wir brauchen, um als Frau auf dieser Erde und mit dieser Erde zu leben.

Wenn du Kinder hattest, erinnere dich an die Erfahrungen, diesen wunderbaren Wesen ins Leben zu helfen und sie zu nähren. Auch wenn es schwierige und schmerzhafte Erfahrungen gab, ist da immer auch die Dimension des Wunders, die wir körperlich erfahren durften.

Wenn du keine Kinder hast, kennst du dennoch die Erfahrung, körperlich zu erleben, wie sich schöpferische Kraft anfühlt. Erinnerst du diese Erfahrung in deinem Körper?

→ Welches Gesicht auch immer deine ureigene Erfahrung heute, in diesem Moment zeigt, sie möchte gewürdigt werden. Schließe sie in deine Arme und in dein Herz. Damit öffnest du die Türen für deinen ureigenen Weg.

Das Wesen des Zyklischen und die Beziehung zur Erde

Ein Mysterium, mit dem jede Frau in ihrem Leben in Kontakt kommt und das sie mit ihren Sinnen erfährt, ist die Natur des Zyklischen.

Die Menstruation, deren Einsetzen für uns die Initiation vom Mädchen zur Frau bedeutet, ist ein zyklisches Geschehen, das uns für Jahrzehnte unseres Lebens begleitet.

Auch die gesamte Lebenszeit einer Frau gestaltet sich deutlich in Zyklen: Der Zeit der Jugend und des Heranwachsens folgt die Zeit der erwachsenen Frau, die fruchtbar ist. Der Lebenszyklus der Menopause löst die Zeit der Fruchtbarkeit und potenziellen Mutterschaft ab. Das Ende der Menopause bedeutet eine Initiation in den Lebenszyklus des Alters. Jeder Wechsel einer Lebensphase geht einher mit einer inneren Umgestaltung unserer Kräfte und ist begleitet von einschneidenden physischen Veränderungen.

Die Schöpfung bewegt sich in Kreisen, und unser Leben bewegt sich durch aufeinander folgende Kreise. Das ist zyklisches Geschehen. Ein Kreis kennt keinen Anfang und kein Ende, doch wenn wir ihn in der Dimension von Zeit und Raum verfolgen, so kehren wir immer wieder zu einem bestimmten Punkt zurück, und doch sind wir an einem neuen Ort. Dies ist möglich, weil der Kreis in eine neue Dimension eintritt. Veranschaulichen wir uns diese Bewegung, so entdecken wir die Spirale.

Die wiederkehrenden Zyklen der Menstruation sind immer neue Drehungen innerhalb der Spirale unseres Lebens, die einem wiederkehrenden Rhythmus folgen. Wir sammeln Kraft, und diese Kraft steigert sich bis zur Ovulationsphase. Für einen Moment hält der Körper diese Fülle und beginnt dann, sich wieder davon zu lösen. Der Körper reinigt sich, und wir bluten. Nach dem Bluten beginnt aus einem Moment der absoluten Entspannung und Leere ein neuer Zyklus des Kraftaufbaus. Und wieder steigert sich diese Kraft bis zu ihrem Höhepunkt des Eisprungs. Dieses zyklische Geschehen wird von einem Rhythmus regiert, dem Rhythmus, der allem Leben unterliegt. Es ist der Rhythmus von Ausdehnung und Zusammenziehung.

Das ganze Leben folgt diesem Rhythmus. In unserem eigenen Dasein erleben wir ihn in jedem Atemzyklus, im Schlaf- und Wachrhythmus, in der Aktivität unseres Herzens, in jeder Tätigkeit unserer Muskulatur. Wenn wir hinausschauen in die Natur, erkennen wir dieses Wechselspiel zwischen Ausdehnung und Zusammenziehung wieder im Tag-Nacht-Rhythmus, in den Jahreszeiten, dem Wetter, den Pflanzen und Tieren, dem Geschehen am Himmel und den Bewegungen des Meeres.

Betrachtung

Diese Betrachtung kannst du gerade dort beginnen, wo du in diesem Moment bist. Schließe für einige Augenblicke die Augen.

→ Spüre deinen Atem und spüre ihm nach in deinen Körper. Folge den Vibrationen des Atems bis in dein Becken und spüre dann die Auf- und Abwärtsbewegungen des Atems in deinem Körper, spüre die Ausdehnung und das Zusammenziehen, spüre die Fülle und die Leere.

Folge der Wellenbewegung, dem Aufsteigen und Absteigen einer jeden Welle. Erinnere dich an diesen Rhythmus, in deinem Körper, in der Natur.

Die Wellen des Ozeans, wie sie kommen und gehen. Stelle dir vor, wie du eins bist mit diesen Wellen. Du bist selbst ein Teil des Ozeans und kannst unmittelbar fühlen, wie Welle um Welle aufsteigt und wieder geht, in einem endlosen Kreislauf der Wiederkehr. Und dennoch erlebst du jede Welle immer wieder neu.

→ Erinnere dich an diesen Rhythmus in deinem Körper, in deinem Leben. Phasen der Ausdehnung, der Aktivität, der Fülle werden abgelöst von Zeiten der Ruhe, des Rückzugs, der Stille.

→ Betrachte diese Rhythmen im Zusammenhang mit deinen Menstruationszyklen, so wie du sie erlebst oder früher erlebt hast. Gibt es Zusammenhänge?

→ Schaue innerlich auf das Spiel deiner Emotionen. Gibt es da Rhythmen und Zyklen?

→ Richte dein inneres Auge auf den Mond. Betrachte innerlich seine Zyklen des Vollwerdens und wieder Abnehmens, den dunklen Neumond, den strahlenden Vollmond.

Wenn wir im Rhythmus des Lebens mitfließen, wenn wir den Zyklus als ein Ganzes sehen, das sich immer wieder neu erschafft, so gelangen wir zwischen den Bewegungen und Phasen zu einem Ort der Stille und Andacht.

In diesem innersten Zentrum ist grenzenlose Entspannung und Glück.

→ Wenn du eine Ahnung bekommst von diesem Ort, so verweile dort für einen Moment.

Bringe das Gefühl für diesen Ort wieder mit in den Alltag.

Die Verbindung zwischen der Erde und der Frau

Auch die Erde atmet in den Zyklen von Ausdehnung und Zusammenziehung. Und sehen wir genauer hin, so entdecken wir enge Verbindungen und Gemeinsamkeiten zwischen dem zyklischen Geschehen, das die Erde und das wir Frauen erleben. Der Rhythmus der Gezeiten, die Bewegung der Ozeane, hat eine Verbindung zum Mond. Ebenso unterliegt der Menstruationsrhythmus der Frau dem Einfluss des Mondes.

Die Erde und die Frauen sind direkt beeinflusst vom Beziehungsgeschehen zwischen den Sternen, in dem der Mond sehr wichtig ist.

Der Rhythmus von Ausdehnung und Zusammenziehen entspricht den Zyklen von Geborenwerden und Sterben, dem Kreislauf von Leben und Tod. Die Lebenszyklen der Frau können verglichen werden mit den Jahreszeiten in der Natur, einem immer wiederkehrenden Kreislauf von Leben und Tod und Wiedergeburt. Unsere Erfahrungen sind verwoben mit den Erfahrungen der Erde in dem Wissen, dass alles, was lebt, sich in Zyklen bewegt.

Über diese Gemeinsamkeiten und über unsere Fähigkeiten, auf einzigartige Weise mit-schöpferisch zu sein, indem wir neues Leben in uns wachsen und reifen lassen können, wird die besondere Verbindung erkennbar, die zwischen der Erde und der Frau existiert.

Und diese Verbindung zur Erde ist für uns Frauen nicht abstrakt, sondern ganz konkret und greifbar.

Betrachtung

Für diese Betrachtung nimm dir eine kurze Zeit an einem Ort in der Natur. Es kann dein eigener Garten sein, ein Park in der Stadt oder ein Wald in der Nähe. Je weniger bevölkert dieser Ort ist, umso leichter ist es, sich in diese Betrachtung hineinzuversenken, weil man so weniger gestört wird. Doch wo immer sich dir ein zugängliches Stück Erde unter deinen Füßen anbietet, genug Platz für einige Schritte, einen Baum und ein paar Vögel, dort hast du einen guten Ort gefunden, um diese Besinnung zu machen.

→ Setze deine Füße bewusst auf die Erde. Wenn es die Jahreszeit erlaubt, sei barfuß. Gehe einige Schritte, bewusst, und versuche, mit deinen Gedanken an dem gleichen Ort zu sein, an dem dein Körper ist. Spüre deinen Atem. Dein ganzes Leben ist jetzt nichts anderes als Gehen und Atmen. Nur das ist wichtig.

Dann gehe mit deiner Aufmerksamkeit zum Boden und spüre, wie sich deine Füße im Wechsel vom Erdboden abheben und ihn wieder berühren. Spüre den Raum zwischen euch, der Erde und dir, und spüre den Magnetismus, der euch verbindet.

→ Auf welche Weise spürst du diesen Magnetismus, wie könntest du es beschreiben?

Lasse zu, dass die Erde dich trägt, ohne dich festzuhalten. Es ist ein gemeinsames Lied, das ihr singt, wenn du auf sie eingestimmt bist. Dann wird jedes gewöhnliche Gehen zu einem Tanz. Mit jedem Schritt nährt die Erde dich mit ihrer Kraft, und mit jedem Schritt gibst du etwas an sie zurück. Diese Art des «Zwiegesprächs» kannst du so oft wiederholen, wie du möchtest und auf deine Weise variieren. Du kannst die Erde, die Natur in ihren verschiedenen Facetten wahrnehmen und so mehr über deine eigene Natur und deine instinktive Kraft erfahren.

Über deine weibliche Verbindung zur Erde erfährst du von den Kräften und dem Wissen des Heilens, du erfährst von der Sehnsucht der Erde und von der Sehnsucht der Natur in dir, vielleicht von Verletzungen und Schmerz, vielleicht von der Wildheit und Unbezähmbarkeit des Willens zum Leben.

Die Beziehung zwischen der Erde und uns Frauen, die uns als eine Art magnetisches Kraftfeld hält und miteinander schwingen lässt, ist von elementarer Bedeutung, für den individuellen Weg der Frau, für das Weibliche in der Welt und für das Wohlergehen der gesamten Schöpfung.

Sie ist wie ein beständiges Rufen, ein gegenseitiges Brauchen und Nähren, Vorantreiben und Erhalten. Frauen erleben dies auf vielerlei Weise, auf verschiedenen Ebenen und in unterschiedlicher Bewusstheit. Die Sorge um materielle Sicherheit, der Wunsch nach einem «Dach über dem Kopf» und nach Wärme sind ebenso Ausdruck dieser Verbindung wie auf einer anderen Ebene das Gefühl der «Zuständigkeit», wenn ein Geschöpf uns braucht. Frauen leben ihre Verbindung zur Erde in ihren Fähigkeiten zu heilen. So machen viele Mütter die Erfahrung, selbst wenn sie sich nie mit Heilen befasst haben, dass sie einfach «wissen», was ihr Kind braucht, wenn es krank ist. Und wie oft ist es nur ihre bloße Gegenwart, ihre physische Nähe zum kranken Kind, die heilt!

Die leidenschaftliche Seite des Weiblichen

Doch es ist nicht nur die nährende und heilende, die bewahrende und erhaltende Seite der weiblichen Natur, durch die sich die enge Verbindung zur Erde lebt. Heilpflanzen finden sich nicht nur in kultivierten Kräutergärten, sondern auch mitten in der Wildnis des Urwalds. Wie die mütterlich nährende und erhaltende Kraft der Erde kennen wir ebenso ihre dynamische, wilde, unberechenbare und eruptive Seite.

Schöpferische Kraft ist im Zustand ihrer ursprünglichen Wildheit fordernd, rücksichtslos und leidenschaftlich. Sie zerstört, um neu erschaffen zu können, und sie drängt mit kompromissloser Leidenschaft vorwärts, wenn sie ins Leben will. Wie unsere Erde beides beherbergt, die zahme Taube bei den Plätzen der Menschen wie den Tiger im Dschungel, so wohnen auch beide Kräfte gleichermaßen in den instinktiven Territorien der weiblichen Natur. Frauen haben seit jeher gewusst, welche Pflanzen, die uns die Erde gibt, heilen, aber sie wussten auch um die Zusammenhänge von Leben und Tod und kannten die Geheimnisse von Erotik und Sexualität. Auf eine sehr tief gründende Weise berühren sich Leben und Tod in den Erfahrungen von Sexualität oder Geburt. Etwas von unserem klar abgegrenzten Ich muss sterben, damit wir uns in der Liebe vereinigen können, ebenso wie wir ein kleines Sterben erleben, bevor wir durch eine Geburt ein Kind in die Welt entlassen. Und so Leben spendend und weiblich nährend die Ereignisse um eine Geburt auch sind, in den seltensten Fällen ist sie nur ein sanftes nährendes Erlebnis! Ein Kind zu gebären ruft in einer Frau Kräfte hervor, die wild, rücksichtslos und unkontrollierbar hervorbrechen, um ihr Werk erfüllen zu können. Unter Schmerzen wird etwas zerstört, damit das Wunder geboren werden kann. Hier erleben wir die wilde, dynamische und verändernde Seite weiblicher Instinkte, ganz dicht bei den sanften, nährenden und erhaltenden Aspekten des Weiblichen.

Wenn wir anfangs davon sprachen, dass unser Zugang zu den Quellen weiblicher Mysterien nahezu verschüttet ist, so gilt das in besonderem Maß für den Aspekt der – nennen wir sie: – leidenschaftlichen Seite der instinktiven Natur des Weiblichen. Wir kennen ihre Schatten, wir kennen sie nur zu gut in den verschiedensten Facetten übersteigerter Emotionalität, doch wir kennen

und vor allem achten sie nicht mehr in ihrer ursprünglichen kreativen Kraft und Dynamik, die letztendlich die Quelle von Weisheit ist.

Einen Zugang dazu in der physischen Welt, ja direkt in unserem Körper zu finden, erscheint uns abwegig. In unseren Wertvorstellungen und Auffassungen von dem, was Religion und Spiritualität ist, sind Materie und Geist so weit voneinander getrennt wie in unserem westlichen Denken der Himmel von der Erde getrennt ist. Könnte es sein, dass das Heilige, das wir dem Himmel zuschreiben, genau hier, auf der Erde, inmitten der physischen Realität, vielleicht sogar in unserem Körper lebt?

Schönheit – das «Himmlische» im Körper der Frau

Warum sind Frauen schön? Frauen haben eine Substanz in ihrem Körper, die im männlichen Körper nicht vorhanden ist. Sie kommt direkt aus ihrer göttlichen Natur und ist in jedem weiblichen Körper von Geburt an vorhanden. Je mehr sich die Seele mit dem Körper verbindet, mit zunehmendem Alter und damit auch zunehmender Differenzierung der Geschlechter in Aussehen und Ausstrahlung wird diese «Eigenheit» in der Frau deutlicher. Kleine Kinder bestehen noch so sehr aus reiner «himmlischer Substanz», dass ein solcher Unterschied noch gar nicht zum Tragen kommt. Egal, ob Junge oder Mädchen, sie «leuchten» in jener Art himmlischer Schönheit, die unsere Herzen rühren. Je mehr die Seele den Körper durchdringt, wenn die Kinder heranwachsen, umso mehr wird bei gleichzeitiger Verdichtung dieses Licht der göttlichen Natur im weiblichen Körper reflektiert, und wir nennen das Schönheit, weibliche Schönheit.

Versuchen wir tiefer hinter das Geheimnis weiblicher Schönheit vorzudringen, so können wir sie nur umschreiben als eine Art pure Substanz, etwas Heiliges, das direkt vom Schöpfer in ihren Körper gepflanzt zu sein scheint und durch die der Körper der Frau eine ganz andere Bedeutung gewinnt als der des Mannes.

Wie kann man sie beschreiben, diese Substanz, die eigentlich keine Substanz ist? Sie ist nicht stofflich, vielmehr durchdringt sie die Materie und ist überall dort, wo auch Materie ist. Sie wirkt im Körper der Frau, aber gehört nicht zu ihrem Körper. Sie gehört zu ihrem Herzen. Wenn eine Frau liebt, liebt sie mit dieser Substanz, und sie empfängt Liebe und Licht mit dieser Substanz. Am ehesten können wir sagen, sie ist wie ein Duft.

Wir kennen die Metapher vom Duft aus der Dichtung der Mystiker, aus der Feder jener Poeten, die sich als Liebende Gottes verstehen. Der bei

uns im Westen wohl bekannteste persische Dichter und Mystiker Rumi schrieb, dass die göttliche Essenz wie der Moschus sei und die materielle Welt und ihre Freuden wie ihr Duft. Solange der Moschus in dieser Welt erscheint, so lange wird sein Duft berauschen.

An diesen Duft erinnert die heilige Substanz im Körper der Frau. Es ist ein Duft, der so greifbar ist, dass wir ihn fast physisch wahrnehmen können. Doch er kann nicht mit den Sinnen des Körpers wahrgenommen werden wie ein Geruch. Denn seine Quelle ist die göttliche Essenz.

Göttliche Essenz ist auf eine eigene Weise im weiblichen Körper präsent, sodass sie sich ausdehnt als eine «Substanz» zwischen den Zellen, die wir wahrnehmen können wie den Hauch eines unvergleichlichen Parfüms. Sein Aroma trägt die beständige Erinnerung an seine Essenz, seinen Ursprung. Es ist Botschaft, Erinnerung und Zeugnis zugleich von der reinen Essenz des Göttlichen, die der ursprungslose Grund allen Seins ist.

Inmitten des Geschaffenen, im Körper der Frau, lebt das Göttliche gleichsam pur, ungetrübt und unverdünnt und gleichzeitig ausgedehnt in die Vielfalt der Schöpfung. Auf diese Weise lässt die Frau, unbeabsichtigt und ohne Anstrengung, den himmlischen Glanz auf alles scheinen, das geschaffen ist, so wie die Frau selbst in der Schönheit ihres weiblichen Körpers eine beständige Erinnerung an die göttliche Quelle allen Seins ist. Dies ist der Grund, warum Frauen die Wesen der Schönheit sind, warum Frauen Schönheit verkörpern.

Wie viele Frauen in unserer Zeit, in unserer westlichen Kultur, wissen noch, dass sie schön sind, wissen, dass sie diese Qualität des göttlich Weiblichen auf natürliche Weise in sich tragen? Und wer von uns weiß noch, dass Schönheit ein Attribut der Göttin, vielmehr noch ein Aspekt der Wahrheit ist? Wir sind nicht nur blind geworden für die essenzielle Schönheit der Frau, die Ausdruck dieser heiligen «Substanz» in ihrem Körper ist. Wir sind auch blind und ignorant geworden gegenüber der Wahrnehmung und dem Wissen davon, dass Schönheit ein Aspekt Gottes ist, die Schönheit einer Rosenblüte oder eines Sonnenaufgangs ebenso wie die Schönheit des Körpers einer Frau.

In der Frau wird diese Schönheit auf besondere Weise lebendig. Obschon uns die Verwandtschaft der Qualitäten Schönheit und Weiblichkeit ganz vertraut und keineswegs neu erscheinen mag, sprechen wir hier nicht von jenem Schönheitsbegriff, der ein Raster gewisser äußerer Merkmale vorschreibt wie etwa ein gewisses Ideal von Körperproportionen oder die Makellosigkeit in der äußeren Erscheinung. Ein solches Raster sieht aus durch mehr oder weniger festgelegte Kriterien und lässt wenig Raum für Spontaneität und die Überraschungen der Natur. Wirkliche weibliche Schönheit ist lebendig. Eine schöne Frau ist eine Frau, die ihren Körper bewohnt, die darin lebt und liebt und präsent ist. Es ist die Gegenwart der Seele, des innersten Wesens, das auf so wunderbare Weise seinen Ausdruck findet in den Formen und der Leuchtkraft eines weiblichen Körpers. Was ist die Ursache dafür, dass wir unvermutet eine Frau, die einer anderen Kultur als unserer westlichen entstammt, wunderschön finden, obwohl die äußeren Merkmale ihrer Figur nicht den DIN-Normen üblicher Schönheitsideale entsprechen? Vermutlich, so mag die Antwort sein, sind wir einer Frau begegnet, die ihren Körper bewohnt, die darin lacht und lebt, die einfach präsent ist in ihrem ganzen Sein, und das mitten in ihrem Körper!

Der Zusammenklang von Geist und Materie

Das Mysterium der Schöpfung, das auf physischer Ebene in seiner dichtesten Form erlebbar wird durch Sexualität und auch durch Empfängnis, Schwangerschaft und Geburt eines Kindes, lebt gleichzeitig auf einer nicht-physischen Ebene in der Frau. Im Erleben und im Ausdruck ihrer weiblichen Natur singt immer gleichzeitig etwas mit, das nicht physisch, nicht stofflich oder körperlich ist. Aus einer Unbegrenztheit und Leere scheint es zu kommen und wird doch auf geheimnisvolle Weise wirksam im physischen Körper der Frau, sodass wir alle es wahrnehmen können. Es ist, als atme der leere Raum zwischen den Teilchen der Materie in Harmonie mit dem Rhythmus der Natur, der Erde, mit dem Pulsschlag des Blutes. Dieser Atem des leeren Raums, das sich Weiten und Dehnen erzeugt eine feine Schwingung in der Materie, so als unterliege dem kräftigen Pulsschlag des Blutes ein viel feinerer Rhythmus, der ihn trägt.

Dieser weibliche Gesang der Natur, dieser einzigartige Zusammenklang zwischen dem kräftigen Pulsschlag des Blutes und dem feinen Atem aus den Zwischenräumen nährt das schöpferische Wissen in der Frau, das Teil ihrer Natur, instinktiv und zunächst nicht bewusst ist.

Es ist dieser Zusammenklang, in dem die Ganzheit von Geist und Materie schwingt. Diese Ganzheit enthält beides, das Licht und die Dunkelheit, das Bewusstsein und die dichte Materie, die Erkenntnis des klaren Geistes und die Sinnlichkeit des Körpers und der Erde. Dass sie untrennbar zusammengehören und in Wirklichkeit eins sind, nehmen wir mit dem gewöhnlichen Alltagsbewusstsein nicht wahr, nicht mit den Augen dieser Welt. Doch wir müssen nicht in tiefe Meditation versinken,

um sie wahrzunehmen. Blicken wir in unsere Welt, so entdecken wir diese Ganzheit in der Frau. Sie ist so präsent wie nirgendwo anders in der Schöpfung, weil die Frau durch ihr weibliches Wissen in Einheit mit ihrer weiblichen Kraft diese Ganzheit selbst verkörpert. Da sie als menschliches Wesen mit der Fähigkeit des Bewusstseins begabt ist – und nur dem Menschen ist diese Fähigkeit gegeben –, so ist sie als einziges Wesen in der gesamten Schöpfung befähigt, das Weibliche, in sich selbst wie in der Erde und im gesamten Kosmos, durch sein Sein zur Erkenntnis zu bringen.

Ist das Mysterium der Schöpfung ein weibliches Mysterium, so bringt es die Frau zur Erkenntnis, indem sie es *lebt*. Sie durchdringt es mit Bewusstsein durch ihren spirituellen Weg, ihren individuellen Weg, der sie zur Wahrheit führt. Das Herzstück dieses Weges ist die Meditation, und Meditation auf dem weiblichen Pfad schließt diese Erkenntnis vom weiblichen Mysterium der Schöpfung unweigerlich ein.

Der Beginn eines weiblichen Weges der Meditation ist die Erkenntnis, dass der göttliche Ursprung im weiblichen Körper so nah ist wie er nur irgend sein kann.

«Eine Frau ist wie Gold, sie ist wie die Erde; sie ist niemals unrein …», sagte der indische Sufi-Meister Bhai Sahib, wenn er von der Besonderheit des weiblichen Weges sprach. Dies ist auch deshalb bemerkenswert, weil die traditionellen Religionen seiner Kultur, der indischen, die «Unreinheit» der Frau implizieren. «Gold bleibt, sogar wenn es in die Latrine fällt und herausgeholt und gesäubert wird, unbeeinträchtigt. Das schmälert nicht den Wert. Die Erde reinigt alles, die wechselnden Jahreszeiten reinigen sie … die Erde ist immer rein … und die Frau ist nach jeder Menstruation rein. Sie (jene, die sie für unrein halten) sagen also, Gold ist rein, die Erde ist rein, aber die Frau ist unrein … Wie unwissend sie doch sind!» (Tweedie, Der Weg durchs Feuer, S.788/789).

Diese Reinheit im Weiblichen erlaubt der Frau, einen anderen Weg zu gehen als Männer. Da ihr Sein von der heiligen Substanz des Lebens durchdrungen ist, ist es ihr möglich, innerhalb der Ganzheit ihres Seins, wie es ist, inmitten ihres Lebens, das göttliche Licht zu empfangen und damit eins zu werden.

Ihr Weg ist nicht wie die entbehrungsreiche, mühevolle und tapfere Heldenreise eines Mannes, auf der er durch Übung und Praxis seine instinktive Natur transformiert. Der Weg der Frau ist wie der Tanz in einer Spirale, in der schon alles vorhanden und vollständig ist. Dennoch beschreibt dieser Tanz eine Reise, und jede Windung der Spirale ist ein neuer Ort.

Betrachtung

Für diese Betrachtung ist es notwendig, dass du nicht abgelenkt wirst durch deinen physischen Körper, vor allem nicht durch sein Bedürfnis nach Aufmerksamkeit. Lege dich bequem hin oder nimm eine Haltung ein, in der dein Körper sich entspannen kann. Er soll zufrieden und warm sein.

→ Jetzt schließe deine Augen und spüre all das, was zum Leben gehört. Spüre den Atem in deinem Körper. Spüre deinen Pulsschlag. Spüre, wie das Leben mit jedem Herzschlag neu in dir pulsiert.

Selbst wenn du sehr müde bist, kannst du auf eine sehr feine Weise dieses Pulsieren des Lebens in dir spüren.

Bleibe aber nicht haften an einzelnen Empfindungen und besonderen Wahrnehmungen in verschiedenen Regionen deines Körpers. Nimm vielmehr dieses Pulsieren wahr in seiner Ganzheit wie einen Grundton für eine wunderbare Melodie, die bald ertönen wird.

Um diese Melodie «hören» zu können, die wie aus einer anderen Welt, von weit her zu kommen scheint und doch ganz präsent ist, ist es wichtig, alle Mühen fallen zu lassen. Setz dich einfach hinweg über das, was du glaubst, anstreben zu müssen. Du bist und du lebst. Diese Melodie wäre nicht da, wenn es ihren Grundton nicht gäbe, wir könnten keine Ahnung von jener himmlischen Substanz entwickeln, wenn wir nicht lebendig wären.

Richte deine Aufmerksamkeit jetzt auf ein besonderes Geschenk in unserem menschlichen Leben:

→ Wie ist es, verliebt zu sein?
  Erinnere dich an diesen Zustand. Vielleicht ist dir diese Erinnerung ganz nah, vielleicht hast du sogar das große Glück, dich gerade in diesem Zustand zu befinden. Ansonsten suche in deiner Erinnerung danach. Vielleicht erscheint es sehr weit weg, vielleicht glaubst du sogar, du seiest noch nie verliebt gewesen. Doch das ist eine Täuschung. Denn du würdest dich nicht mit dem Heiligen in dir beschäftigen, möglicherweise sogar diese Zeilen gar nicht lesen, wenn du nie verliebt gewesen wärest. Es spielt hier keine Rolle, wem die Verliebtheit gilt, zumal wir auch den Zustand des Verliebtseins kennen, der niemanden persönlich meint und kein Objekt hat. Unabhängig davon, ob es um die große Liebe deines Lebens geht, den Anflug des Verliebtseins, eine unglückliche Liebe oder diesen universalen Zustand ohne konkreten Bezug:

→ Erinnere dich also an diesen Zustand im Herzen:
  Dieses Gefühl durchdringt uns ganz, Körper und Seele, und wir haben darauf keinen Einfluss. Alles was aus dieser Quelle fließt, ist gegeben, einfach geschenkt.

Es macht uns schön, ohne dass wir uns schön machen.

→ Erinnere dich an dieses Gefühl der Schönheit, des Glanzes, das du im Zustand des Liebens und Geliebtwerdens erfahren hast. Nimm die Erfahrung bewusst und ganz in dein Herz.

Versenken wir uns in diese Betrachtung, so erreicht uns vielleicht der Hauch einer Ahnung, dass die Substanz, die diesen Duft der Schönheit um uns verbreitet, immer da ist, nicht nur in den besonderen Momenten, in denen wir etwas davon wahrnehmen. Die göttliche Essenz, die den Duft oder die Melodie des Heiligen durch den weiblichen Körper verbreitet, ist immer da. Im Zustand des Verliebtseins haben wir direkten Zugang zu jener Glückseligkeit, die zur immer gegenwärtigen Liebe in der Seele gehört, ungeachtet der Schichten unserer Person und unseres Egos, die dieses Gefühl verschleiern und verdunkeln. Stellen wir uns eine Rose vor. Sie duftet, ohne dass sie beabsichtigt zu duften. Sie duftet auch, wenn niemand vorbeigeht, um diesen Duft wahrzunehmen. Das Göttliche duftet durch sie aus der Quelle seiner unbegrenzten Großzügigkeit und Liebe, und die Rose duftet zum Lob ihres Schöpfers. Jede Frau ist wie diese Rose. Jede Frau trägt in sich das Potenzial, dies zu leben. Doch das Heilige, das durch ihre Schönheit hindurchschimmert wie der Duft durch die Blüte der Rose, ist schon seit langer Zeit nicht mehr wahrgenommen worden, von der Welt nicht und von uns Frauen selbst nicht.

Daran leidet die ganze Welt. Weil das Heilige als wesentliche Dimension der Wirklichkeit nicht mehr gesehen wird, behandelt die Menschheit auch die Erde wie einen leblosen Gegenstand und beutet sie aus. Auch wenn wir uns allmählich darüber bewusst werden, dass unsere Art und Weise, mit der Erde umzugehen, mit ihren Ressourcen, mit den Tieren und Pflanzen, der Luft und dem Wasser, eine gefährliche Grenze erreicht hat, haben wir noch lange nicht erkannt, woran es ihr – und damit auch uns – wirklich mangelt. Die Erde ist heilig. Sie ist lebendig und von Licht durchströmt, doch die meisten von uns haben das vergessen. So bestimmen nicht Ehrfurcht und Achtung vor dem Heiligen, Umgang in Sorgfalt und Liebe unsere Beziehung zur Erde, vielmehr ist unsere Haltung geprägt von Gier, Hemmungslosigkeit und überhöhten Machtgefühlen einer Materie gegenüber, die wir für tot halten.

Wir können den Schmerz der Erde spüren. Frauen sind in besonderer Weise sensibel für dieses Leid, das durch die Verleugnung des Heiligen entsteht. Denn daraus resultiert die Missachtung ihres Körpers. Uns dessen wieder bewusst werden, im eigenen Körper, in der Erde, in der ganzen Schöpfung, verändert nicht nur radikal unsere Haltung, sondern öffnet uns auch die Augen für einen großen Reichtum und ein viel versprechendes Potenzial.

Geboren in die Einheit – Der Tanz zurück in die Mitte

«Ich war ein verborgener Schatz und wollte erkannt werden. So schuf ich die Welt.»

Hadith

Die dargestellten essenziellen Aspekte von Weiblichkeit wie die schöpferischen Kräfte, die Natur des Zyklischen und die Verbindung zur Erde und nicht zuletzt das Mysterium der Schönheit liegen mehr oder weniger verborgen in der Natur einer jeden Frau. Sie bewusst zu machen, die Geheimnisse zur Erkenntnis zu bringen und sie auf eine jeweils einzigartige individuelle Weise zu leben bedeutet das Weibliche zu offenbaren und seine ursprüngliche göttliche Natur zu enthüllen.

So schließen weibliche Wege der Meditation diese wesentlichen Qualitäten ein, und die Grundlage solcher Wege ist nicht die Verleugnung oder Missachtung, wie sie jahrhundertelang praktiziert wurde, sondern die Wertschätzung der Natur des Weiblichen.

Begeben wir uns also auf die Entdeckungsreise, wie wir «weiblich meditieren» können.

Beginnen

Alles, was wir brauchen, ist einen Moment, in dem wir beginnen, wirklich beginnen.

Ich meine nicht jene Momente, in denen wir versuchen zu beginnen. Jene Versuche, an denen wir nicht wirklich beteiligt sind, wo wir eher vorsichtig abwartend betrachten, was uns geboten werden könnte. Jener gewisse Moment des Beginns, von dem wir sprechen, ist der Moment, in dem wir uns ganz hineingeben.

Gehen wir also zu diesem Moment. Es ist nur ein kleiner Augenblick, und er hält sicher nicht an als bleibendes Gefühl, doch etwas in uns hat es gehört, dieses Ja zur Ganzheit, zur Vollständigkeit, das einen Geschmack von Bedingungslosigkeit und unbegrenzter Freiheit trägt.

Der Beginn wird präsent sein auf unserer ganzen Reise. Kommen wir zurück zu unserem Bild der spirituellen Reise als einem Tanz in der Spirale, so ist dieser Moment des Beginnens das, was uns die Kraft und den Antrieb gibt für die Bewegungen unseres Tanzes. Seine ständige

Präsenz auf der Reise gibt uns die Chance, immer im Beginnen zu sein und zu bleiben, immer wieder neu. Wir haben die Möglichkeit, an jedem Punkt unseres Weges aus einer Reinheit und Unverschmutztheit und dadurch aus der unendlichen Fülle zu schöpfen, frei von allen Konzepten der Vergangenheit und Zukunft. Ob wir die Chance nutzen, immer wieder neu zu beginnen oder ob wir der Versuchung nachgeben, uns entlang einer möglicherweise eingebildeten Messlatte von Fortschritt und Anhäufung «spiritueller Verdienste» zu bewegen, liegt an uns.

Die Krise als Auslöser

Alles, was der Moment des Beginnens in seinem Innern enthält, ist das Ja. Äußerlich erscheint er in verschiedensten Formen. Es ist wichtig, dass unser Blick nicht an der äußeren Gestalt hängen bleibt. Dennoch verpassen wir den Moment, wenn wir seine äußere Gestalt nicht wahr- und nicht ernst nehmen.

Für viele Menschen, so ist es meine Erfahrung, wird dieser Moment aus einer Krise geboren. Der Moment des Beginnens erscheint in der äußeren Form einer Lebenskrise.

Vorstellungen davon, wie das Leben verlaufen sollte, werden überrollt von einer Realität, die alle Fantasien und Wünsche an das Leben oder an sich selbst widerlegen oder zu zerstören drohen.

Trennung, Krankheit, Tod eines geliebten Menschen, Schwierigkeiten im Beruf oder Konflikte in der Familie, die verzweifelte Suche nach dem «richtigen» Lebenspartner oder einfach die Situation, vor dem Trümmerhaufen einer gescheiterten Beziehung zu stehen, sind Ereignisse und Zustände des Lebens, die den Anstoß in eine ganz neue Richtung liefern können. In jenen Zeiten der Dürre werden wir durstig, und dieser Durst kann uns antreiben, nach neuen Quellen zu suchen.

Denn die meisten von uns werden in einer solchen Situation, in der auf irgendeine Weise zerbricht, was vorher als Ganzes erschien, nicht stark und weise den Schmerz als vorübergehend betrachten, sondern verzweifelt um eine Lösung ringen. Eine solche Situation kann für manche Frauen die äußeren Bedingungen dafür bereithalten, dass im Innern dieses Moments das Ja des Beginnens ertönt. Wir suchen, und wenn wir ernsthaft suchen, so ist diese Suche verbunden mit einem tiefen Neubeginn.

Ebenso kann der Moment des Beginnens in viele endlose Fragen gekleidet sein, die jetzt endlich nach einer Antwort drängen. Fragen, die durch das eigene Leben entstanden sind oder die von ganz woanders her zu kommen scheinen. Vielleicht Fragen, die wir als Kinder gestellt und uns später dann wieder abgewöhnt haben. Möglicherweise sind es Fragen, die auftauchen, wenn man diese Zeilen liest. Vielleicht gibt jeder Satz Anlass für eine neue Frage, statt dass er Antworten liefert oder Erfahrungen bestätigt. Das ist ein gutes Zeichen. Fragen öffnen uns, und zu schnelle Antworten verschließen uns. Wenn wir unsere Fragen nicht allein benutzen als ein Spielzeug unseres Verstandes, so helfen sie uns, einen Raum zu öffnen, der uns empfänglich macht und uns dazu verhilft, die Wahrheit auf unsere ganz eigene Art zu leben. So lassen wir zu, dass der Raum sich füllen kann auf eine Weise, wie sie unserer ureigenen Natur entspricht.

Es mag sein, dass wir nach der tieferen Bedeutung unseres Schicksals fragen, nach dem Sinn gewisser Erfahrungen, nach der Unendlichkeit oder danach, ob Gott wirklich existiert, ob es ein Leben nach dem Tod gibt oder was eigentlich die Seele sei. All diese Fragen, die uns tief im Herzen bewegen, können uns zu jenem Moment des Beginnens führen.

Dieser besondere Augenblick kann viele verschiedene Gesichter haben. Plötzlich fällt ein ganz bestimmtes Buch aus einem Regal, und obwohl ein solches Buch uns vorher vielleicht nie interessiert hätte, fesselt es unsere ganze Aufmerksamkeit. Und wie ein überdimensional großes «Aha»-Erlebnis gehen uns unzählige Lichter auf. Oder wir treffen eine Freundin, die meditiert und uns ganz erfüllt von ihrem Weg erzählt, und wir spüren mit einem Mal eine unglaubliche unbändige Sehnsucht nach etwas, das wir nicht wirklich benennen können. Manche Menschen erleben «wie aus heiterem Himmel» den Einbruch einer vollständig neuen Erkenntnis, die mehr ist als ein Geistesblitz. Eine Erkenntnis, die das bisher Erlebte und Gedachte in ein ganz neues Licht setzt und neue Türen öffnet. In allen Beispielen begleitet uns in solchen Momenten ein Gefühl, als drehe uns jemand in eine ganz neue Richtung. Wir wenden uns um hundertachtzig Grad. Unser Blick ist völlig neu, und dieses Gefühl kann sehr berauschend sein und bleibt unvergesslich.

Für manche Suchenden ist der Moment des Beginnens auch da, wo sie auf ihren spirituellen Lehrer treffen, für viele aber der Augenblick, in dem sie ihrem «inneren Lehrer» bewusst begegnen. Mit dem inneren Lehrer ist die Weisheit und Führung gemeint, die von der eigenen Seele, vom so genannten Höheren Selbst kommt.

Die Erfahrung der Einheit

Es gibt hier ein besonderes Erlebnis, das wir die spontane Erfahrung der «Einheit» nennen könnten und das weit mehr Menschen teilen, als wir zunächst vermuten würden. Ebenso wie das ganz alltägliche Dasein gehört diese Erfahrung zum Menschsein, zu dem unermesslich großen Spektrum unserer Möglichkeiten. Viele von uns machen diese Erfahrungen, hin und wieder, in kostbaren Augenblicken unseres Lebens. Doch meistens vergessen wir sie ganz schnell wieder oder erfassen erst gar nicht, was wir erfahren durften … Gemeint sind jene Augenblicke, wo mit einem Mal «alles stimmt». Es gibt für einen Augenblick lang keinen Zweifel mehr. Was vorher widersprüchlich erschien, findet auf neue Weise zusammen und macht so erst Sinn. Doch auch diese Beschreibung trifft eigentlich nicht zu, denn in jenen Augenblicken gibt es nicht wirklich ein «vorher», auch kein «nachher», sondern nur die Gegenwart existiert. Alles, was wir sehen, ist eine Erscheinungsform des Einen, das die Quelle von allem ist. So gehören alle Aspekte des Daseins zusammen, nichts erscheint uns mehr isoliert oder getrennt. Es ist nicht nur, dass wir mehr verstehen, wir erleben einen Moment tiefster Einsicht in etwas, das uns sonst verborgen ist. Dabei sind die Auslöser oft alltägliche Momente, einfache Bilder. Es kann sein, dass wir einen Menschen, den wir bisher abgelehnt hatten, plötzlich in einem ganz neuen Licht sehen. Oder ein kleines, bisher unbeachtetes Detail aus unserem Alltag beginnt zu leuchten, reflektiert all die Kraft und Schönheit, die wir ansonsten nur sehr ausgewählten Dingen, nicht aber den banalen Begegnungen oder Gegenständen des Alltags zuschreiben.

Wir hören einen Satz oder lesen eine Verszeile, und es ist, als offenbare sich darin die ganze Wahrheit des Universums. Oder wir spüren in einem einzigen Wassertropfen den gesamten Ozean, und dabei spielt es keine Rolle, ob es sich um einen Regentropfen an der Fensterscheibe, einen Wassertropfen im Geschirrspüler oder um einen Tautropfen im Gras unseres Vorgartens handelt.

Wenn wir beginnen, uns bewusst auseinander zu setzen mit dem in uns, das unbegrenzt, zeitlos und raumlos ist und dem Göttlichen angehört, dann erinnern wir zuweilen diese Momente: Völlig absichtslos und unvermutet haben wir in einem einzigen Augenblick, in einem einzigen Bild, manchmal nur für den Bruchteil einer Sekunde, erkannt, dass alles, wirklich alles, eins ist. Dass alle Trennung und alle Unterscheidung in Schwarz und Weiß eine Illusion ist. Wir hören das Lachen hinter der Schöpfung und können selbst nicht anders als lachen, oder wir sind für einen Augenblick lang erfasst von einer unglaublichen Ehrfurcht vor der unermesslichen Kraft des Einen, oder wir schmelzen hin in dieser Liebe, die alles umfasst. Wir selbst sind ein Teil dieser Einheit, nicht getrennt von dieser Erfahrung, nicht beobachtend, nicht bewertend. Wir *sind* in diesem Moment diese Erfahrung selbst. Wir lachen einfach oder wir weinen. Wir sind erschüttert von der Wahrheit, dass alles eins ist oder wir lachen im Einklang mit jenem Humor, der alles relativiert, was so ernsthaft erscheint in dieser Welt der Dualität und Trennung. Viele dieser Erfahrungen verschwinden so plötzlich wieder, wie sie gekommen sind, und wir gehen zurück zu unseren täglichen Sorgen und Pflichten, unseren alltäglichen Gedanken, als sei nichts gewesen. Doch manchmal, wenn ein Funke des absolut klaren Bewusstseins diese Momente auffängt, wenn es der richtige Zeitpunkt ist, wenn die Seele bereit ist, dann trägt eine solche Erfahrung den Stempel «ohne Wiederkehr». Dann bleibt etwas in unserem Bewusstsein zurück, es dauert an, und wir erleben den «Moment des Beginnens». In diesem Fall sind äußere Gestalt und innere Wahrheit ein und dasselbe. Das Ja der Seele ist auf allen Ebenen des Seins zu hören als eine wunderbare, einzigartige Melodie. Innen und außen sind eins.

Du wachst auf. Du erkennst plötzlich, dass du tanzt. Du bist ein Teil von einem großen Tanz, und du hast nie etwas anderes gemacht. Aber du hast es nicht gewusst. Es ist der Tanz der Schöpfung, der Verhüllung und Enthüllung, nach einer Musik, die ewig ist und aus der Leere des Nichts zu kommen scheint und unsere Welt erfüllt. Schon immer ist dieser Tanz da gewesen, doch jetzt erscheint er in einem anderen, einem neuen Licht. Denn du siehst deinen eigenen Part in diesem Tanz. Der Moment des Beginnens ist wie ein Moment, in dem sich das Licht verändert.
Etwas in dir hört nicht mehr auf, nach diesem Licht zu streben.

In diesem Zustand suchen wir. Wir suchen nach Übungen, nach einer praktikablen Art zu meditieren, nach einem Lehrer oder einer Lehrerin oder nach Lebensumständen, die uns geeignet erscheinen, zu verwirklichen, wonach wir suchen. Der breit gewachsene Markt der esoterischen Möglichkeiten ist dabei nicht immer hilfreich. Er verleitet viele dazu, außerhalb von sich selbst zu suchen, was innen ist. Ich habe Menschen, vor allem Frauen kennen gelernt, die einen großen Teil der «verfügbaren» spirituellen Traditionen und Systeme, überliefert oder neu erfunden, abgeklappert haben, um am Ende, erschöpft und ermüdet, wieder an einem ganz einfachen Punkt in sich selbst zu beginnen. Das Gefühl, nun über alles Bescheid zu wissen und die Fertigkeit, über das gewaltige Vokabular von psychologischen und esoterischen Fachausdrücken zu verfügen, machen es dann schwer, zur Einfachheit, zur Essenz, zurückzukommen und ein «Anfänger» zu werden.

Andere haben sich eingelassen auf intensive Schulung durch ein hoch entwickeltes und kraftvolles spirituelles System und sich Übungen unterworfen, die zwar ihren inneren Kontakt zur Wahrheit gestärkt, ihre Verbindung zum Leben aber abgeschnitten haben, da Meditation und Praxis ihre weibliche Natur nicht berücksichtigten.

Außerdem sind da noch die Frauen, die warten. Sie haben sich instinktiv zurückgezogen von dem, was «angeboten» wird. Tief verborgen in sich selbst spüren sie, dass da keine Resonanz ist auf das, was in ihnen ruft. Selbst das, was sie in den Büchern finden können, liefert keine Erklärung, und der Schluss liegt nah, man sei selbst irgendwie «nicht richtig», vielleicht einfach nicht «spirituell».

Versuchen wir also hier, lediglich «einfach» zu werden. Dort zu beginnen, wo wir sind.

Das Herzstück des Tanzes ist das

weibliche Mysterium selbst. Beginnen wir bei der weiblichen Natur, dem Mysterium der Schöpfung in der Frau. Wir betrachten die Aspekte der biologischen Natur, der Verbindung mit der Erde und der himmlischen Substanz im Körper der Frau im Hinblick auf einen weiblichen Weg der Meditation. Praktische Beispiele geben Anregung dazu, wie Meditation – im weitesten Sinne – die Natur der Frau wertschätzt und mit einschließt.

Sich mit der instinktiven weiblichen Natur verbinden

Die einfachste und ursprünglichste Art der Meditation für die Frau ist zu SEIN. Sie IST, indem sie in ihrer eigenen instinktiven Natur ruht.

Zulassen zu sein

Du sitzt in einer Haltung, in der du alle Anspannung gehen lassen kannst.

Eine gute Haltung ist die Hocke, da unser Becken, unser ganzer Unterleib sich in dieser Haltung entspannen kann. Doch sie ist ungewohnt für uns Menschen im Westen, und vor allem Frauen sind in ihrer körperlichen Haltung darauf konditioniert, ihr Becken und ihre Beine verknotet und angespannt zu halten. Wenn es dir möglich ist, für ein paar Minuten zu hocken, ohne zu ermüden, so versuche es mit dieser Haltung. Andernfalls finde heraus, wie du dich so setzen kannst, dass dein Becken, deine Beine ganz locker sein können.

→ Du sitzt jetzt entspannt. Spüre, wie du atmest. Da ist nichts anderes wichtig in diesem Moment. Da ist nur der Atem. Wenn du dir deines Atems ganz und gar bewusst wirst, ohne dass du gleichzeitig versuchst, ihn zu beeinflussen, so kannst du irgendwann spüren, wie der Atem dich trägt. Nicht du atmest, sondern «es» atmet dich. Fließe mit diesem Atem, der wie eine Kraft ist, die dich mit allem verbindet, was ist. Fließe mit dem Atem durch deinen ganzen Körper, durch jede Zelle, in der du ihn spüren kannst.

→ Spüre den Atem in deinem Bauch und spüre diesen Ort als das physische Zentrum deiner weiblichen Kraft. Du ruhst in dieser Kraft. Lasse zu, dass die Schwingungen des Atems in deinem Becken kreisen.

→ Du atmest ein und atmest aus. Da ist eine Leichtigkeit, ein Lächeln. Mit jedem Atemzug erhellt ein Lächeln den Ort, dem du dich bewusst zuwendest. Mit jedem Atemzug kehrst du zurück zu den Wurzeln deines Seins, und mit jedem Atemzug erfüllt ein Duft aus diesem Ursprung diese Welt wieder neu.

Du bist. Für einen Augenblick bist du nichts anderes als dieser Atem, dieses Lächeln. Du bist einfach.

Wenn du für wenige Minuten, vielleicht nur Sekunden dieses Sein spüren kannst, dann ist dies eine wertvolle Erfahrung für dein Leben und deinen Weg.

Diese kleine «Meditation» kannst du beliebig oft wiederholen, wenn sie dich anspricht.

Doch nutze sie nicht als Fluchtversuch aus schwierigen Situationen – es funktioniert nicht. Sie bringt dich in Verbindung mit dem Leben, sie holt dich nicht heraus!

Vielmehr gibt es Situationen, schwierige Umstände, in denen wir uns vom Leben getrennt fühlen und in denen diese Übung, wenn wir sie mögen, uns wieder mit dem Leben verbindet.

Zu den Wurzeln atmen

Für die ersten Male mache diese Übung im Stehen. Später, wenn sie dir geläufig ist, kannst du sie in jeder Lage, im Sitzen, Liegen und in fast jeder Lebenssituation, zwischendurch für ein paar Minuten, praktizieren.

→ Doch zunächst stelle dich so hin, dass deine Füße einen guten Kontakt zum Boden haben und etwa schulterbreit auseinander stehen. Verteile dein Gewicht gleichmäßig auf beide Füße und stehe locker in deinen Knie- und Hüftgelenken.

→ Gehe mit deiner Aufmerksamkeit zu deinem Atem. Du atmest ein und du atmest aus. Du beeinflusst deinen Atem nicht, du lässt ihn fließen.

→ Lege jetzt deine flachen Hände locker nebeneinander auf deinen unteren Bauch. Die Fingerspitzen weisen zueinander, sodass deine beiden Hände nahezu ein Dreieck bilden. Spüre den Kontakt.
Atme bewusst aus und atme wieder tief ein, bis tief in dein Becken hinein. Lasse den Atem dorthin fließen, wo deine Hände liegen.
Atme zu deinen Handflächen hin und spüre den Raum, wenn du wieder ausatmest.

Lasse zu, dass der Raum in deinem Bauch, deinem Becken durchströmt und erfüllt wird vom Einatmen, und lasse zu, dass er durchströmt und ganz leer wird vom Ausatmen.

Konzentriere dich darauf für einige Minuten und bleibe danach noch für einen Moment entspannt und einfach still.

Durch dieses bewusste Atmen können wir den Ort unserer weiblichen instinktiven Kräfte wahrnehmen, in unserem physischen Körper wie auch im Bereich unserer feinstofflichen Energien.

Die bewusstere Wahrnehmung hat nicht selten auch «Nebeneffekte»: So kann diese Übung auf eine sehr sanfte und unmerkliche Weise den Zyklus, die Menstruation, die physiologischen Kräfte der Empfängnis- und Gebärfähigkeit und der Sexualität ausgleichend unterstützen.

Auf der ätherischen Ebene stärkt sie den Kontakt zum Hara-Chakra, dem Energiezentrum unserer körperlichen Mitte, wo Frauen ihre Verbindung zu den Müttern und Vor-Müttern und zu den Kindern und Kindeskindern spüren können.

Meditation in der Natur

Suche dir einen Platz draußen in der Natur, unter freiem Himmel. Vielleicht unter einem Baum, an einem Fluss oder Teich, auf einer Wiese, am Waldrand, auf einem Hügel, wo immer du dich draußen frei und gelassen fühlen kannst.

Ein Ort, an dem dein Herz singen kann, ist auch immer ein Ort, an dem du dich für eine Weile besinnen kannst. Alles, was du brauchst, ist über dir der Himmel und unter deinen Füßen die Erde.

Eine gute Zeit ist der frühe Morgen, da die Kräfte der Natur neu erwachen und die Luft und die Atmosphäre nach der Nacht gereinigt und klar sind.

→ Setze dich hin oder lehne dich an einen Baum und spüre dich selbst als einen Teil dessen, was dich umgibt. Lausche dem Klang der Natur und atme den Zauber, die Kraft und die Schönheit der Schöpfung, die dich umgibt und dich mit einschließt, die durch die Zellen deines Körpers strömt und durch die Erde, auf der du sitzt oder stehst. Dieser Zauber ist in allem enthalten, im Flug der Vögel und im Treiben der Wolken, im Flüstern des Windes und im Rascheln des Grases, im Duft der Kräuter und im morgendlichen Geruch von Tau, feuchter Erde oder Frühnebeln. Spüre ebenso hinein in das Werden und Vergehen in der Natur. Nichts bleibt für einen Augenblick so, wie es ist. Alles was geboren wird, vergeht, und was vergeht, wird neu geboren.

→ Nimm deine Sinne jetzt nach innen und lasse zu, einfach still zu werden. Für einige Momente nur Stille. Du sitzt inmitten der Schöpfung, draußen in der Natur, da wo die Schöpfung deinen körperlichen Sinnen unmittelbar zugänglich ist. Und gleichzeitig sitzt du in der Stille, in deinem Herzen. Dort, wo du dem Schöpfer, der Wahrheit jenseits der Schöpfung, ganz nah sein kannst. Hier spürst du die Liebe, die alles, was ist, durchtränkt.

Wir brauchen die Verbindung zur Erde, und die Erde braucht uns. Sie ist der Stoff, aus dem unsere Körper gemacht sind, und unsere Körper geben uns die Möglichkeit, das Göttliche in der Vielfalt, in seinen Manifestationen zu erkennen. Die Verbindung ist tiefer, als wir ahnen. Unser Bewusstsein ist in der Lage, sich weit von der Erde zu entfernen, und selbst auf einer rein physischen Ebene ist es uns möglich, mittels Raumfahrt uns über größere Entfernungen aus dem direkten Energiefeld unseres Planeten wegzubewegen. Die Bedeutung der Erde als Bezugspunkt für unser Leben, unser Denken und Fühlen hat sich verändert. Dabei ist auch die innige Verbindung zwischen Mensch und Erde an den Rand des menschlichen Bewusstseins gerückt.

Doch ebenso wie wir technisch in der Lage sind, die Schwerkraft der Erde zu überwinden, uns in die Lüfte zu schwingen und in den Weltraum zu fliegen, so ist unser menschliches Bewusstsein auch fähig, aus einer anderen Perspektive die Erde und unsere Verbindung zu ihr auf neue Weise zu betrachten und zu erfassen. Losgelöst und aus dem Abstand heraus sehen wir mit einer Perspektive der Ganzheit, betrachten wir das Leben aus dem Blickwinkel der Einheit. So können wir erkennen, wie alles mit allem verbunden ist, fein aufeinander abgestimmt.

Wir Frauen haben die Chance, wieder zu erkennen, dass wir eine besondere Beziehung zur Erde haben und dass die Erde eine einzigartige Beziehung zu uns hat. Die Erde hat ein Herz, das lauscht und zu uns spricht, und sie hat eine Stimme, mit der sie ihr Lied singt.

Wenn wir mit unserer instinktiven weiblichen Natur in bewusste Berührung kommen, können wir uns einschwingen auf die Frequenz, in der dieser Klang der Erde ertönt. Erst dann können wir entdecken,

dass die Erde in ihrem Innern Licht atmet, so wie auch wir vom Licht der Seele durchatmet sind und doch, um dessen bewusst zu werden, erst dieses Licht in uns erwecken müssen.

Mit der Erde sein — Barfuß auf der Erde laufen

Gehe hinaus, irgendwohin, wo die Erde nicht mit Asphalt bedeckt ist und dir eine Oberfläche anbietet, die dich einlädt. Ziehe deine Schuhe aus und gehe barfuß. Setze deine nackten Füße auf die ebenso unbedeckte Haut der Erde, behutsam und ganz bewusst. Sammle deine Gedanken, die in alle Richtungen driften mögen, und versuche, mit allem, was du bist, hier zu sein, wo deine Füße sind. Laufe, solange es dir Freude macht, barfuß über die Erde.

Du kannst diese «Übung» als eine Erfahrung betrachten. Was immer geschieht, ist dein Erlebnis, in das du dich mit all deinen Sinnen hineinbegibst. So wie du dich mit einer lieben Freundin zum Tee triffst, zum Gedankenaustausch oder um deine Gefühle zu teilen, wie du einen geliebten Menschen umarmst aus Freude, ihn zu sehen, so hast du eine Verabredung mit der Erde und die Erfahrung, mit ihr zusammen zu sein, nah und vertraut und lebendig. Darüber hinaus kann dein Laufen über die Erde mit bloßen Füßen zu einer «Meditation» der Achtsamkeit werden. Unsere Schuhe abzustreifen ist symbolisch auch immer ein Ausdruck der Ehrfurcht und Achtsamkeit vor dem Raum, den wir betreten. In der Haltung von Demut und Respekt setzen wir unsere Füße in einen Raum, vor dessen Schwelle wir die Schuhe ausziehen.

So erkennen wir bewusst das Heilige in der Erde an, wenn wir sie mit bloßen Füßen betreten.

Gleichzeitig nehmen wir unmittelbar auf und geben direkt weiter, was zwischen uns und der Erde sich bewegt, vermittelt und wirkt. Unsere sinnliche Wahrnehmung ist sensibilisiert, und ebenso ist unser Bewusstsein sensibilisiert.

Mit der Erde sein — Auf der Erde liegen

Lege dich ganz ausgestreckt auf die Erde nieder. Liege in einer entspannten Haltung auf dem Rücken, strecke Arme und Beine aus. Dein ganzer Körper ist im Kontakt mit der Erde.

Lasse deinen Atem ruhig fließen. Sei mit deiner Aufmerksamkeit bei deinem Atem und spüre die Erde unter deinem Körper.

Spüre, wie auch in ihr etwas atmet. Die Vibrationen, die das Leben in dir verursacht, sind im Austausch mit den Vibrationen, die durch die Lebendigkeit der Erde hervorgerufen werden.

Versuche zu fühlen, was die Erde dir sagen möchte. Kannst du ihre Freude spüren, ihr Leid? Kannst du fühlen wie sie, wenn du dich ganz mit ihr verbindest?

Die ganze Schöpfung singt, fortwährend. Irgendwo, tief in unserem Innern wissen wir das, und etwas in uns lauscht beständig diesem Gesang und gleichzeitig sind wir selbst ein Teil dieser Musik. Es ist der Klang, der die Beziehung zwischen der Schöpfung und ihrem Schöpfer widerspiegelt. Es ist das Lied der Liebe. Die Schöpfung singt von ihrer Sehnsucht und singt, um ihren Schöpfer zu preisen. Das Herz des Menschen singt, wenn es zur Liebe erwacht. Auch das Herz der Erde singt. Vielleicht haben wir es schon viele Male gehört, doch es ist uns nicht bewusst.

Wenn wir Frauen beginnen, uns unserer instinktiven Verbundenheit mit der Erde, mit der ganzen Schöpfung, wieder bewusst zu werden, wenn wir beginnen, diese kostbare Nähe wieder zu leben, so wird es uns möglich, durch unser intuitives Verständnis, das Lied der Erde zu hören. Wir können singen mit ihr, wir können erlauschen, was sie zu sagen hat, was sie braucht, was sie geben möchte. Wir öffnen uns für das in ihr, was heilig ist, wir öffnen uns für einen Strom von Licht, der durch alle Materie hindurchfließt. Dies ist uns möglich, weil derselbe Strom aus Licht durch unsere eigenen Körper fließt.

Mit der Erde sein — Dem Lied der Erde lauschen

Diese «Meditation» ist bei vielen Gelegenheiten möglich, und du kannst aus einer Vielzahl von Möglichkeiten dir eine geeignete Situation wählen, in der du dich dieser Einstimmung überlässt.
Bei einem Spaziergang, während einer Pause in der Sonne oder bei der Gartenarbeit, wann immer du einen inneren Raum dafür schaffen kannst, stimme dein Herz ein auf das Herz der Erde.
Versuche, alle Vorstellungen gehen zu lassen und lausche einfach. Höre zu.
Jedes Herz lauscht auf seine eigene Weise. Alles, was du mit deinem inneren Ohr hören kannst, vermittelt sich dir auf eine ureigene Weise, die deinem Herzen entspricht.

Mit dem Leben verbunden

Die Erde ist ein heilsamer Ort. Ihr zu begegnen, dort, wo sie natürlich und rein ist, in der äußeren Natur, hilft uns, mit der eigenen Natur in Berührung zu kommen, sie zu spüren, sie

letztlich zu leben. Mit der Erde sein, *mit* ihr zu leben und nicht nur auf oder über ihr, bringt uns in unseren Körper, unterstützt eine Beziehung der Achtung vor Körper und Leben. Nichts ist zu gut oder zu vornehm, um es auf der Erde leben zu können. Alles kann im direkten Kontakt mit der Erde gelebt werden, auch wenn wir in unserem modernen Alltag in Distanz gerückt sind zur Erde, sie möglicherweise sogar als schmutzig und unrein betrachten. Hin und wieder in der Natur zu essen, an einem Baum zu ruhen, vielleicht auf der Erde zu tanzen sind kleine, sehr einfache Möglichkeiten, unsere Beziehung zur Erde zu «pflegen». Warum lieben Kinder das Picknicken so sehr? Weil das Speisezimmer auf eine Wiese zu verlegen die Ganzheit des Lebens so deutlich macht. Entdecken wir, wie verbunden wir mit dem Leben sind, so beginnen wir, uns wirklich daran zu erfreuen. Wir freuen uns am Alleinsein und am Zusammensein. Wir freuen uns daran, uns auszutauschen, zu essen, zu lieben, uns zu unterhalten.
Alles hat seine Zeit. Es gibt Zeiten, in denen es wichtig ist, allein zu sein und Zeiten, zusammen zu sein. Zeiten der Stille und Zurückgezogenheit und Zeiten des Gesprächs, des gemeinsamen Austauschs, Zeiten des Fastens und Zeiten des Essens.
In unserem Innern finden wir das Wissen und die Gewissheit, was wann wichtig ist. Wir können lernen,

darauf zu lauschen und es dann auch umzusetzen. Wichtig ist, dass wir frei sind von Vorstellungen oder vorgefassten Glaubensmustern, wenn es darum geht, zu unterscheiden und wahrzunehmen, was stimmt. Denn unsere Gedanken- und Erinnerungsspeicher sind angefüllt mit mehr oder weniger festgelegten Annahmen darüber, was richtig und was falsch ist, mit Konventionen und Lehrmeinungen und natürlich mit unseren eigenen Schlüssen, die wir aus individuellen Erfahrungen gezogen haben. Allzu schnell sind wir geneigt, auf diesen Speicher zurückzugreifen, um zu beurteilen, was in einer Situation stimmig ist zu tun.

Haben wir beispielsweise in einem plötzlichen Moment die Idee, einen Freund anzurufen, wie können wir dann unterscheiden, ob es sich um eine Eingebung von innen handelt oder um einen Impuls aus dem Gedanken heraus: «Es macht einen schlechten Eindruck, wenn ich nicht mal was von mir hören lasse.»? Oder umgekehrt, die Eingebung, ihn anzurufen, konkurriert mit dem ängstlichen Gedanken, es könne unpassend sein, störend oder aufdringlich. Möglicherweise handelt es sich um genau den richtigen Moment, miteinander zu sprechen, und er ist verpasst, wenn wir uns von unseren vorgefassten Vorstellungen leiten lassen, die das innere Wissen überlagern, das uns sagt, was zu welchem Zeitpunkt stimmt. Genauso

gut könnte möglich sein, dass es darum geht, zu schweigen und zu warten, dem anderen Raum zu lassen oder selbst einen Abend in Stille zu verbringen. So wird es notwendig, dass wir lernen, uns frei zu machen von Denk- und Glaubensmustern, zu unterscheiden lernen, von wo der Impuls in uns kommt, um mutig mit der Wahrheit zu leben, die der inneren Welt entspringt.

Doch wie finden wir in diese innere Welt, wie orientieren wir uns hier?

Entdecken und Wertschätzen der inneren Welt

Wir leben in einer Zeit und einer Kultur, deren Aufmerksamkeit, deren ganze Wertschätzung dem gilt, was äußerlich sichtbar, greifbar, definierbar und messbar ist. Es ist die Welt der äußeren Erscheinungen. Wir haben uns daran gewöhnt, uns auf die Materie zu beziehen, ohne das Licht wahrzunehmen, das sie durchströmt. Wir haben vergessen, dass es eine innere, nicht sichtbare Welt gibt, die auf wunderbare Weise mit der äußeren sichtbaren Welt verbunden ist. Wir haben erst recht vergessen oder uns vielleicht auch noch nie wirklich bewusst gemacht, dass in Wahrheit die innere und die äußere Welt eins sind.

Um erneut Zugang zu dieser Einheit zu finden, ist es wichtig, die Existenz beider Welten, der inneren und der äußeren, wieder wahrzunehmen, wertzuschätzen und bewusst darin zu leben.

Das Weibliche kennt sich aus in den inneren Welten. Kenntnis und Navigation durch die inneren Welten sind Grundelemente weiblichen Wissens und weiblicher Intuition. Wir alle, Frauen und Männer, verfügen über dieses Potenzial, das wir zu einer Intuition des Herzens entwickeln können. Es ist die weibliche Seite unserer Bewusstseinskräfte.

So wie wir äußere Augen haben, Dinge zu erblicken, die wir sichtbar nennen, so verfügen wir auch über ein inneres Auge, das die Dinge wahrnimmt, die nur innerlich sichtbar sind. Ebenso haben wir ein inneres Ohr zu lauschen (das Lied der Erde!) und einen inneren Sinn, zu tasten und berührt zu werden.

Wie aber gelangen wir wieder zu diesen Möglichkeiten, mit und in der inneren Welt zu leben, ohne die äußere Welt zu vernachlässigen? Wie sind diese Welten miteinander verbunden?

Was ist es, wonach wir hungern?

Das Reich der Symbole

Eine Brücke zwischen den Welten ist das Reich der *Symbole*. Sie verbinden durch ihr eigenes Wesen und die Art, wie wir sie benutzen, das, was uns als getrennt erscheinen mag, die äußere und die innere Welt, Physisches und Psychisches, Materielles und Geistiges. Der Reichtum in der Kultur und den Religionen ganzer Völker lässt sich durch die Kraft und Tiefe ihrer Symbole darstellen.

Auf der Suche nach Symbolen, die unser heutiges Leben in der modernen westlichen Kultur bereichern und vertiefen, bewegen wir uns jedoch in einem eher verarmten Reich. Zwar führt uns der Alltag an einer beträchtlichen Anzahl von Bildern vorbei, doch haben diese meistens die Funktion eines Zeichens und nicht eines Sinnbilds. Ein ursprünglich blühendes Reich der Symbole scheint herabgesunken zu einem dürren Gebiet einfacher und eindimensionaler Zeichen. Diese Bildzeichen ersetzen Schriftzeichen und Sprache, vor allen Dingen dort, wo für materielle Produkte geworben, die Kommunikation zwischen Menschen vereinfacht oder ihr äußeres Zusammenleben geregelt werden soll. Hinweise, Gebote und Verbote an öffentlichen Plätzen werden markiert durch sehr vereinfachte Bilder. Ein einziges einfach gezeichnetes Flugzeug verweist auf den Weg zum Flughafen. Das skizzierte Bild eines eiligen Strichmännchens zeigt uns den Weg zum Notausgang, zwei Wellenlinien deuten auf ein Wasserschutzgebiet, ein Vogel auf das Naturschutzgebiet hin. Diese Art Zeichen aus dem alltäglichen Leben sind in ihrer Bedeutung und Funktion sehr reduzierte Bilder und zeigen uns die formalisierten, sehr vereinfachten Überreste einer Welt, die in Wahrheit viel reicher ist. Während jene Zeichen nur auf einen Ausschnitt unseres Lebens hinweisen, auf einen Gegenstand oder eine konkrete Situation, erfassen Symbole das *ganze* Spektrum unserer Wirklichkeit. Das gleiche Zeichen als Symbol hat eine viel umfassendere und tiefere Bedeutung, da es die psychische, geistige und spirituelle Dimension des Menschen mit einbezieht.

Bleiben wir beim Bild des Vogels. Er ist eines der vielen Geschöpfe aus der Tierwelt. Gleichzeitig ist er für den Menschen ein Sinnbild für gewisse Qualitäten, Zustände, Wahrheiten, die zu seinem Dasein gehören. Er bezeichnet nicht nur, wie auf der Hinweistafel, den Raum von Natur und Erholung. Weil er fliegen kann, ist der Vogel für uns auch ein Symbol der Freiheit und Unabhängigkeit. Ferner verleihen ihm seine Flügel ähnlich dem Bild des Engels etwas Himmlisches, und er bewegt sich in den Sphären der Lüfte, in der Weite des Himmels. Deshalb ist der Vogel auch ein Sinnbild der Seele, jener Wirklichkeit im Menschen, die über das Irdische hinausweist.

Erweitert wird die hier nur angedeutete Palette von symbolischen Bezügen noch durch die individuelle Verbindung eines Menschen mit gewissen Bildern. Für den einen mag der Vogel Sinnbild für Zartheit und Verletzlichkeit, für den anderen für Kraft und Stärke sein, weil dieser den Adler oder Falken assoziiert. Wiederum andere Menschen mögen den Vogel als Symbol für Gesang und Melodie betrachten oder als Sinnbild für den frühen Morgen. Unsere Wirklichkeit ist so komplex, so vielschichtig, reich und mannigfaltig an Erfahrungen und Möglichkeiten, dass wir Symbole brauchen, um die Bezüge wahrnehmen, vermitteln, verarbeiten und leben zu können – sowohl in der Kommunikation mit anderen als auch innerhalb des eigenen Seins.

So ist die Welt der Symbole wie eine Art Sprache, in die wir übersetzen, was sowohl in der äußeren Welt – Worte, Bilder, Tatsachen – als auch in der inneren Welt – Gefühle, Ahnungen, Wesenhaftigkeit und unbenennbare Wahrheiten – existiert. Diese symbolische Welt besitzt weder die Sprache des einen noch die des anderen Reiches, doch vermittelt sie und verbindet und ist gleichzeitig eine ganz eigene Welt. Wir alle wissen, was ein Vogel ist und verfügen über irgendwelche Erfahrungen mit Vögeln, sei es, dass wir morgens ihr Lied beim Aufwachen hören, dass wir hin und wieder ihren Flug am Himmel beobachten oder alljährlich ihre Ankunft im Frühling begrüßen. Wir alle kennen auch die Sehnsucht nach Freiheit in unserem Innern oder die losgelöste Freude, wenn wir von einer Last, die uns gedrückt hatte, mit einem Mal entbunden sind. «Ich habe mich frei gefühlt wie ein Vogel», sagen wir und benutzen in diesem Moment ein Bild, durch das wir uns einfach und gleichzeitig viel sagend und wirkungsvoll ausdrücken können.

Was innen ist, können wir nicht auf die gleiche Weise beschreiben wie das, was außen ist. Um etwas von der inneren Welt in die äußere Welt zu bringen, brauchen wir Möglichkeiten, mit denen wir innere Realitäten erfassen und sie dennoch ihrer Natur nicht entfremden. Die innere Welt ist ungleich vielschichtiger und komplexer als die äußere. Wir brauchen Symbole, um sie beschreiben zu können, weil auch sie in sich vielschichtig und komplex sind. Sie sind von unschätzbarem Wert, lebensnotwendig für unser inneres Gleichgewicht und Wachstum. Die Welt des Symbolischen ist Nahrung, und wo diese Nahrung zu spärlich ist, da herrschen Dürre, Hunger und Unterernährung.

Das Weibliche und die Schatzkammer der Symbole

Es ist die weibliche Seite in uns, die sich in der Schatzkammer der Symbole auskennt, und ebenso ist es das Weibliche in uns, das sich nach dem symbolischen Leben sehnt. Symbole schlagen Brücken zwischen inneren und äußeren Welten und folgen so einem unsichtbaren Fluss zwischen den Welten, den wir kennen, wenn

wir Zugang zu schöpferischem Wissen haben.

Das Weibliche in uns hat diesen Zugang, Frauen tragen es in ihrem Körper.

Symbolisches Leben reflektiert die Ganzheit. Alle verschiedenen Bedeutungen in sich umarmend trägt ein Symbol den Reichtum und die Vielfalt der Schöpfung in sich. Dabei verzichtet es allerdings auf die klare Definition und die Entscheidung für eine einzige Wahrheit. Es stellt vielmehr einen Raum zur Verfügung, in dem sich innere und äußere Welten mischen und wieder verbinden, statt sich klar und scharf voneinander zu trennen.

In uns allen wohnt die tiefe Sehnsucht danach, uns in diesen Räumen zu bewegen. Hier hat die Seele Luft zu atmen, der Verstand entspannt sich, die Räume dehnen sich aus, innerhalb derer wir erahnen können, wer wir wirklich sind.

Doch wir haben verlernt, die inneren Welten in unser Leben mit einzubeziehen, und vergessen, wie kostbar sie sind, da wir uns weitgehend auf die äußere Welt beschränken. Die kollektive Wertschätzung einer äußeren Welt, die wenig bis gar keine Verbindung zu einer inneren Welt hat und das Symbolische reduziert, ausklammert oder sogar verachtet, bestimmt unser Leben. Wie viel Verbindung besteht noch zu unserer inneren Welt, wenn die Größe des Autos, das wir fahren, die Marke der Kleidung, die wir tragen, die räumliche Distanz zum Urlaubsort oder die Anzahl der Ziffern unseres Bankguthabens den Wert unseres Lebens ausmachen? Welche Bedeutung haben in der Bewältigung unseres Alltags, bei der Arbeit im Beruf, im Umgang mit anderen Menschen, ein Gedicht, ein Gemälde, ein Traum aus der letzten Nacht? Können wir uns vorstellen, morgens ins Büro zu kommen und aufgrund eines Traumes, mit dem wir zuvor aufgewacht sind, unsere Arbeit zu organisieren?

«Ja, ich kann es mir vorstellen», mögen wir sagen, «aber … Niemand würde mich ernst nehmen, ich würde mich lächerlich machen.» Und nehmen wir uns wirklich selbst ernst? «Träume sind Schäume», sagt ein geläufiges Sprichwort.

So müssen wir häufig erst einen Weg zurücklegen, um die inneren Welten wieder wertzuschätzen. Doch die Symbole leben tief in unserer individuellen und unserer kollektiven Psyche, und wir verfügen über das Potenzial, sie wieder zu entdecken und mit ihnen umzugehen.

Es braucht allein Aufmerksamkeit und Wertschätzung, um dieses Potenzial zu entwickeln. Aufmerksamkeit für die inneren Welten und ihre Achtung und Wertschätzung bedeuten nicht Anstrengung und Mühe, vielmehr erschließen sie uns eine Quelle für lang ersehnte Nahrung, weil sie unser Verlangen nach dem Symbolischen erfüllen.

Frauen haben ihren eigenen Zugang zu den Symbolen und brauchen in besonderem Maße, dass die symbolische Welt genährt wird. Dies wird schon dadurch deutlich, dass es vielen Frauen wichtig ist, über ihre inneren Erfahrungen zu sprechen und sich auszutauschen, während das Bedürfnis, in Sprache auszudrücken, was innerlich erlebt wird, für Männer viel weniger vordringlich ist. Auch Sprache ist voller Symbolik. Im Verbalisieren unserer inneren Erfahrungen dient das Symbolische zudem den weiblichen Möglichkeiten und Fähigkeiten, sich zu beziehen und zu vernetzen. Davon wird noch später die Rede sein.

Es ist die weibliche Seite in uns allen, die sich zum Symbolischen hingezogen fühlt. Während die männliche Seite mehr analysiert und definiert, sucht das Weibliche die Ganzheit und die darin vorhandenen Beziehungen. Das Weibliche in uns, in Frauen und Männern, fühlt sich angezogen von Poesie und Malerei, da wir hier in einer Welt kommunizieren können, die jenseits einer klar abgegrenzten Definierbarkeit liegt.

Erhalten die Symbole einen Platz in unserem Leben und unserem Alltag, so ist dies für Frauen oft wie eine Erleichterung, entspannt und selbstverständlich mit dem umzugehen, was ihnen ohnehin vertraut ist. Assoziativ und analog die Dinge zu betrachten und in sich wirken zu lassen ist ein Teil des symbolischen

Lebens und erinnert immer wieder neu daran, dass Spiegelungen bestehen zwischen einer äußeren und einer inneren Welt, dass die Erscheinungen im Leben miteinander verknüpft sind, dass da ein Strom fließt, der die Welten verbindet.

Schaue ich beispielsweise an einem eher trüben Tag aus dem Fenster, während sich plötzlich eine Wolke verzieht und einen kräftigen Sonnenstrahl freigibt, so kann mir, wenn ich dafür offen bin, diese Wahrnehmung das Herz wärmen. Vielleicht war ich vorher missmutig, verärgert, verschlossen, und jetzt erkenne ich, dass sich mein Herz auch öffnen kann. Wie geschieht das? Das Sonnenlicht ist beides, Quelle des Lichts für unser physisches Leben auf der Erde und Symbol des Lichts in unseren Herzen. Nehme ich die Symbolik in der erlebten Situation wahr, so verstärkt sie die Intensität meiner inneren Erfahrung und kann veranschaulichen, was in mir vorgeht.

Im Folgenden sind einige Beispiele aufgeführt, die als Anregungen dienen, um die eigenen Wege zu den inneren Welten zu finden und zu stärken. Diese Wege sind wie Flüsse, die wir schiffbar machen können, um unsere Boote zu jeder Zeit zwischen den Welten verkehren lassen zu können.

Den Tag mit einem Blick nach innen beginnen

Für gewöhnlich verbringen wir die Nacht auf Ebenen des Bewusstseins, die sich von denen des Tages unterscheiden. Während unser Körper schläft, durchwandert unser Bewusstsein andere Ebenen, bevor wir am Morgen wieder erwachen und in unser Alltagsbewusstsein zurückkehren. Dieser Moment des Übergangs ist eine gute Zeit, in der du dich mit Leichtigkeit für eine kurze Zeit den inneren Welten widmen kannst. Wenn es dir gelingt, dich im Augenblick des Erwachens nicht sofort von den Ablenkungen und Herausforderungen des Alltags vereinnahmen zu lassen, kannst du diese kostbare Zeit nutzen, um für ein paar Minuten den inneren Welten Aufmerksamkeit zu schenken.

Dein Körper ist noch warm und entspannt von der Nacht. Du brauchst keine angestrengte Haltung einzunehmen. Du nutzt einfach deinen schon wachen Geist, um für ein paar Minuten nach innen zu schauen oder zu lauschen.

Unser Verstand kann nicht erinnern, wo wir in der Nacht waren. Manchmal aber bleibt ein Gefühl zurück, eine vage Ahnung, eine Gefühlsstimmung, die auf ihre Weise von den Erfahrungen anderer Welten erzählt.

Doch Vorsicht: Sehr schnell und unbemerkt kann diese Gefühlserinnerung überlagert werden von Gedanken- und Gefühlsmustern, die sich auf die äußere Welt beziehen, die uns erwartet.

So ist es gut, für einen Moment mit deiner Aufmerksamkeit wirklich «innen» zu bleiben, bevor du dich mit ganzer Zuwendung dem Tag widmest.

Vielleicht erinnerst du einen Traum, vielleicht ist da nur die Ahnung eines Gefühls. Und möglicherweise vermittelt sich dieses Gefühl durch ein Wort oder durch die Verszeile eines Gedichtes, durch eine Melodie oder eine Liedzeile, oder durch ein gegenständliches Symbol, das vor deinem inneren Auge auftaucht. Vielleicht hast du dies schon viele Male erlebt, ihm aber bisher nie Beachtung geschenkt.

Jetzt schenkst du diesen Botschaften Aufmerksamkeit. Betrachte sie, ohne sie zu beurteilen oder zu interpretieren. Schenke ihnen lieber dein Staunen und deinen Respekt. Dann, ohne dich daran zu klammern oder dich selbst wichtig damit zu fühlen, nimm diese Erfahrung einfach mit in deinen Tag.

Innere Welt und Kreativität

Diese aktive «Meditation» eignet sich ebenfalls für den frühen Morgen. Bevor der Lärm, die Gedanken und Aktivitäten des Tages den Raum um dich füllen, setze dich hin und lege dir ein großes Blatt Papier und Farben zurecht. Benutze Material, das dir erlaubt, in deinen Bewegungen und deinem Ausdruck großzügig zu sein.

Schließe für einen Moment die Augen, gehe mit deiner Aufmerksamkeit zu deinem Atem und lasse ihn ruhig fließen. Spüre nach innen.

Dann nimm deinen Pinsel oder deine Farben und bringe, ohne nachzudenken, auf das Papier, was aus deinem Arm fließt. Mache dies zügig, ohne zu zögern, und beende dein Bild innerhalb von zwei Minuten.

Betrachte es kurz, nimm es in dich auf und löse dich wieder davon. Wenn du möchtest, kannst du es ja später noch einmal anschauen oder am Abend, wenn du den Tag abschließt.

Hilfreich ist diese «Meditation», wenn du sie für eine Weile regelmäßig praktizierst und Morgen für Morgen wiederholst. Deine inneren Welten, die mit deiner Kreativität verbunden sind, erhalten Aufmerksamkeit und Zuwendung. Alles, was Zuwendung bekommt, blüht und gedeiht.

Du nimmst sie mit in dein Leben und pflegst sie, so wie du deinen Körper pflegst, nachdem du am Morgen aufgestanden bist. Wie du vor dem Spiegel stehst, dich wäschst und frisierst, so entwirfst du dir mit diesem morgendlichen Bild einen Spiegel für deine innere Welt.

Du beginnst, deine eigene Symbolik besser kennen zu lernen und zu verstehen, und du lernst, in Übereinstimmung mit dem zu leben, was aus der Weisheit deiner inneren Welt zu dir spricht.

Du lernst, Hinweise aufzufangen, die von einer anderen Ebene als der Verstandesebene kommen.

Denn das ist der «Trick» der Übung: Indem du ein «Geschwindigkeits-Bild» malst, versuchst du, deinen Verstand, seine Vorgaben und Vorstellungen, links liegen zu lassen oder einfach von der Seite zu überholen. Die Spontaneität deiner Intuition ist schneller als der ordnende Verstand, der kein Chaos erträgt. Die Ganzheit, aus der deine Intuition kommt, erlaubt das Chaos, das kreativ und offen ist.

Je öfter du dieses kleine Abenteuer wiederholst, desto größer ist die Chance, dass es nicht bei einem Versuch bleibt, sondern dir den Umgang mit deiner inneren Welt vertraut und selbstverständlich werden lässt.

Und lass bei allen deinen Experimenten die Freude dabei sein.

Ich habe dieses Beispiel zum einen gewählt, weil ich selbst einmal monatelang jeden Morgen ein solches «Schnellbild» gemalt, sehr viel Freude dabei hatte und auch mit anderen Frauen auf diese Weise gearbeitet habe. Der zweite Grund ist, dass nach meiner Erfahrung das Malen eine Form des kreativen künstlerischen Ausdrucks ist, der am wenigsten Vorkenntnisse und Fertigkeiten braucht und so leichter am Verstand «vorbeifliegen» kann. Möglicherweise hast du jedoch einen viel leichteren Zugang zu einer anderen Form des kreativen Ausdrucks. Es ist wichtig, die eigene Natur zu erkennen und herauszufinden, *womit* wir fließen.

Finde deinen eigenen kreativen Zugang

Suche dir deine individuelle Ausdrucksform, mit der du am leichtesten und ohne Urteil, Bewertung oder «Erfolgsdruck» nahezu mühelos fließen kannst.

Wenn du einen leichten und freudevollen Zugang zum Schreiben hast, so tausche das Malen in der zuvor genannten Übung gegen das Schreiben aus. Benutze Worte statt Farben. Beachte aber genauso die Zeitspanne – höchstens zwei Minuten – und behalte im Sinn, dass kontinuierliche Wiederholung für eine längere Zeitspanne die Übung vertieft.

Wenn du Zugang zu Musik hast, singst oder ein Instrument spielst, so kannst du auch diesen Ausdruck wählen, um einmal am Morgen in einen Spiegel zu schauen, der etwas von deinen inneren Welten reflektiert. Singe einfach, was aus deiner Kehle will oder improvisiere auf deinem Musikinstrument. So bringst du innere und äußere Welt zusammen.

Mit den Träumen arbeiten

Als Botschafter zwischen den Welten spielen unsere Träume eine besondere Rolle. Auf hervorragende Weise können sie helfen, den Fluss zwischen inneren und äußeren Welten sichtbar zu machen. Sie ermöglichen uns, die geheimen Pässe zu überqueren, die zwischen dem Unbewussten und dem Bewussten liegen.

Es gibt den Ausspruch bei den Sufis, der sagt, wenn du schläfst, ist «der König nicht in seinem Schloss und der Gefangene nicht in seiner Zelle». Im Schlaf ist die Seele frei und kann sich frei bewegen in verschiedenen Welten, durch unterschiedliche Dimensionen der Wirklichkeit. Spuren von Erinnerungen bringen wir von diesen Reisen mit, wenn wir aufwachen. Träume oder nur Ahnungen von dem, wo wir uns aufgehalten haben, erzählen uns in dieser physischen Welt Geschichten aus den inneren Welten.

Die Arbeit mit Träumen kann deshalb für den inneren Weg von zentraler Bedeutung sein und Erfahrungen von unermesslichem Wert schenken.

Die Natur des Träumens

Zu träumen ist eine Fähigkeit, mit der jeder Mensch geboren wird. Abgesehen davon, dass der Traum uns hilft, unsere Eindrücke und Erfahrungen zu verarbeiten, hält er uns die Tore offen zu dem, was unbewusst in uns ist. Der Traum bietet uns den Stoff, durch den wir Anteil nehmen am Wissen aus Welten, die uns sonst verschlossen sind. So wie jeder Mensch eine Seele hat und darüber mit dem Göttlichen verbunden ist, so verfügt jeder Mensch über Träume, unabhängig von Reife und Entwicklung, von Studium und Training. Träume sind so alt wie die Menschheit, und seit jeher haben Menschen mit Träumen gelebt, haben sie genutzt, mit ihnen kommuniziert und gearbeitet. Träume sind Gegenstand von Mythen und Geschichten aus den Überlieferungen aller Kulturen. Von Josefs Traum im Alten Testament der Bibel bis zu den Traumpfaden der australischen Aborigines begegnen uns Träume über Zeitalter und Kulturen hinweg als heilige Gabe im Menschen.

In den Hinterlassenschaften matriarchalisch organisierter Kulturen finden wir Überreste einer «Traumkultur», wie etwa in den Funden aus Malta. Unter den üppigen und runden Frauenstatuetten, die dort neben einer Vielzahl ober- und unterirdischer Tempel ausgegraben wurden, findet sich die «Schlafende von Malta», von der man annimmt, dass sie eine Priesterin darstellt, deren Träume eine Form des Orakels waren. Mit Träumen umzugehen und ihnen einen zentralen Platz im Leben einzuräumen bedeutet vom symbolischen Bewusstsein Gebrauch zu machen. Das symbolische Bewusstsein ist, wie wir schon gesagt haben, ein weibliches Bewusstsein. Deswegen ist es für Frauen besonders wichtig, ihren Träumen Beachtung zu schenken und zu beginnen, mit ihnen zu kommunizieren.

Um vieles später als in anderen Kulturen sind bei uns im Westen die Träume wieder als wesentliches Gut in unserem Leben entdeckt worden. Durch die Erfindung und Entwicklung der Psychoanalyse hat im Rahmen der psychologischen Traumdeutung der Traum wieder einen anerkannten Platz erhalten in unserem materiell und rational bestimmten Denken. Gleichzeitig jedoch ist dadurch die Beschäftigung mit den Träumen in dem Bereich Krankheit und Heilung eingegrenzt worden und scheinbar nicht für jeden zugänglich. Ich habe Menschen getroffen, die sich davor scheuten, sich mit ihren Träumen zu befassen, da sie der festen Überzeugung waren, nur wissenschaftlich Eingeweihte könnten etwas damit anfangen, es erfordere eine tief greifende Kenntnis einer allgemein gültigen Symbolik oder man müsse sich einer Psychotherapie unterziehen, um ansatzweise mit ihnen umgehen zu lernen. Doch was ist, unabhängig von unseren kleinen und großen Neurosen, mit dem natürlichen Bedürfnis in uns allen, die Welt, das Leben und uns selbst mit unserem symbolischen Bewusstsein zu verstehen? Was ist mit der tiefen Sehnsucht nach dem Heiligen, die in jedem Herz eines Menschen wohnt?

Träume bringen uns in Verbindung mit Aspekten unserer Seele, die unserem alltäglichen Bewusstsein nicht zugänglich sind. Indem wir unseren Träumen Aufmerksamkeit schenken, bringen wir das Heilige in unser alltägliches Leben. Hier brauchen wir keine festen Rituale oder Gottesdienste, für die wir uns aus unserem alltäglichen Leben entfernen müssen. Wir haben diese wunderbaren Kathedralen in unserem Innern, und wir füllen sie mit dem Gesang aus den Nächten und den Chorälen unseres lebendigen Alltags, die hier zusammenfließen. Wir wachen einfach am Morgen auf, wir erinnern, wenn wir Glück haben, einen Traum, und wir weben das Gespräch mit diesem Traum in unseren Alltag.

Wir lassen die inneren und äußeren Welten ein wenig mehr zusammenfließen, und unser Leben nähert sich dem, was wir Ganzheit nennen.

Träume sind individuell

Träume haben die unvergleichlich wertvolle Eigenschaft, dass sie individuell sind. Damit erhalten sie eine Authentizität, die unanfechtbar ist. Träume sind, wie sie sind. Sie sind weder richtig noch falsch, können nicht verbessert, nicht gemessen, nicht verglichen werden. Sie erlauben kein «Ich mache das nicht gut genug». Ich kann auch niemand anderem die Verantwortung dafür überlassen, denn allein ich habe diesen Traum geträumt, egal, wer sonst eine Rolle darin spielt. Sie spiegeln unsere eigene Wahrheit

wider, und nur wir selber können wirklich wissen, was sie bedeuten. Durch unseren Umgang mit Träumen lernen wir uns selbst kennen, wer wir wirklich sind, nicht wer wir zu sein glauben.

Wenn der spirituelle Pfad der Frau bedeutet, die eigene Natur kennen zu lernen und sie dann zu leben, so ist der vertraute Umgang mit Träumen und seine Einbeziehung in das alltägliche Leben eine große Unterstützung auf diesem Weg. Glücklicherweise ist alles schon da und muss nicht erst mühsam und durch viel Disziplin angeeignet werden. Das ganze Potenzial ist vorhanden, sowohl das «Material» wie auch das Fingerspitzengefühl, um mit diesem Stoff umzugehen.

An dieser Stelle mögen viele Frauen zweifeln. Doch ich kann nicht oft genug wiederholen: Alles ist vorhanden. Zugegeben, für viele von uns ist der Zugang versperrt, dennoch ist die Quelle vorhanden.

Unsere persönlichen und kollektiven Konditionierungen haben uns einige Hindernisse in den Weg gelegt. «Ich vergesse meine Träume», «Ich träume nur Blödsinn», «Ich habe keine Intuition» sind die üblichen Argumente, die uns blockieren. Die Kraft und die Sehnsucht, die uns antreiben, unseren Weg zu gehen, können mit Leichtigkeit diese Hindernisse aus dem Weg räumen. Wenn wir mit Liebe, Respekt und Wertschätzung an Träume herangehen, an unsere eigenen und, in einem entsprechenden Rahmen, an die von anderen, so entwickeln wir ein intimes Verhältnis zu ihnen und überwinden die Hindernisse. Gleichwohl sind wir alle verschieden. Während für manche Menschen erinnerte Träume ihre ständigen Begleiter sind, so sind sie für andere wie Besucher zu besonderen Gelegenheiten. Einige erinnern regelrechte «Traumromane», während andere eher kurze und nüchterne Botschaften empfangen. Das sind nur wenige Varianten, wie und wie viel Menschen träumen. Es gibt kein Ideal des «richtigen Träumens». Wichtig ist, dass wir unsere eigene Art zu träumen akzeptieren.

Es gibt einige Wegweiser, die wir beachten können, und Anregungen, die uns dabei helfen, uns mit den Träumen vertrauter zu machen.

Achtsamkeit für die Träume

Eine Pflanze, die sich entwickeln will, die blühen und Früchte tragen soll, braucht Aufmerksamkeit und Zuwendung. So verhält es sich mit allem, was lebt. Was sprechen soll, muss angesprochen werden; wo wir etwas erfahren möchten, müssen wir zuhören. Es ist notwendig, dass wir uns dem liebevoll zuwenden, mit dem wir eine Beziehung aufnehmen wollen. Damit eine solche Beziehung

wirklich leben kann, braucht es sehr viel Aufmerksamkeit und Zuwendung.

Auch Träume brauchen unsere Aufmerksamkeit, damit unsere Beziehung mit ihnen lebendig wird.

Eine Frau aus einer Gruppe, mit der ich vor vielen Jahren arbeitete, war sehr unglücklich darüber, dass sie keine Träume erinnerte. Da ein wesentlicher Bestandteil unserer Arbeit die Träume waren, drehte sie sich für lange Zeit im Kreis zwischen Selbstzweifeln, dem Gefühl, «spirituell wertlos» zu sein und den grundsätzlichen Zweifeln, ob sie überhaupt auf dem richtigen Weg sei.

Dieser Kreis wurde durchbrochen in dem Moment, wo wir herausfanden, dass sie sehr wohl einige Träume erinnerte, diese aber ihrem Urteil zum Opfer gefallen waren, wertlos, zu banal oder einfach unsinnig zu sein. Sie schenkte ihnen schlichtweg keine Beachtung, bis sie schließlich selbst davon überzeugt war, absolut keine Träume zu erinnern.

Als sie durch bewusste Hinwendung wieder einen Kontakt zu ihrer Traumwelt gefunden hatte, erfuhr sie, dass diese sich vernachlässigt fühlte und sich deshalb völlig zurückgezogen hatte.

Die innere und äußere Hinwendung zu ihren Träumen öffnete die Schleusen. Sie, die jahrelang nicht einen einzigen Traum erinnert hatte, wachte nun plötzlich jeden Morgen mit drei bis fünf Träumen auf, die sie erinnerte. Da ein Teil der bewussten Übung darin bestanden hatte, alle Träume aufzuschreiben, hatte sie jetzt sehr viel zu tun. Hinzu kam, dass die Träume so reich an Botschaften, Bildern und Gefühlen waren, dass die Träumerin bald nicht mehr nachkommen konnte, sie alle zu verstehen oder zu erzählen.

Als es zu viel wurde, ist ihr dieser Traumsegen wieder weggenommen worden, und die Erinnerung ihrer nächtlichen Erlebnisse pendelte sich auf ein erträgliches und lebbares Maß wieder ein.

Für sie und uns alle, die wir diesen Prozess miterleben durften, war er eine wichtige Lektion. Zuwendung, Achtsamkeit, Aufmerksamkeit, dies alles sind Aspekte der Liebe. Es ist die Liebe, die fehlt, wenn etwas verkümmert, und es ist die Liebe, die wirkt, wenn etwas gedeiht. Man sagt, wenn eine Pflanze reich blüht, so ist dies ein Zeichen ihrer Dankbarkeit für die Zuwendung, die sie bekommt.

Hier nun einige Anregungen für die Aufmerksamkeit:

Bereit zu hören

Falls du noch nicht gewohnt bist, dich mit deinen Träumen zu beschäftigen, oder Schwierigkeiten hast, Träume zu erinnern, beachte dies: Zeige deinen Träumen, dass du aufhorchen möchtest, wenn sie zu dir kommen, dass du «ganz Ohr» bist. Lege Bleistift und Papier neben dein Bett, sodass sie jederzeit, auch mitten in der Nacht griffbereit sind. Zeige ihnen, dass du es ernst meinst, indem du tatsächlich, wenn du inmitten der Nacht aus einem Traum erwachst, dir die Mühe machst, ihn aufzuschreiben.

Manchmal ist es hilfreich, für eine Weile oder solange du willst, ein Traumbuch zu führen. In diesem Buch protokollierst du nur deine Träume. Vielleicht möchtest du noch ein paar Gedanken, die dir zu diesen Träumen kommen, aufschreiben, doch es kann ablenken, wenn du dieses Buch für andere Eintragungen nutzt. Es ist sehr symbolisch: Wenn wir solch ein Buch für die Zeit, in der wir es benutzen, wie ein Schatzkästlein hüten, dann geben wir den Juwelen, die es enthält, unsere Wertschätzung. Doch wir sollten sie nicht darin verstauben lassen noch uns daran festhalten. Wir können sie teilen, doch sollten wir aufmerksam sein, mit wem. Wir können sie geheim halten und uns im Innern damit beschäftigen, doch ist es ratsam, uns nicht daran zu klammern oder uns damit zu identifizieren. Ein Traum ist ein Traum.

Er kommt und verändert die Welt, und er geht wieder und macht Platz für etwas anderes.

Ganz gleich, was du geträumt hast, betrachte deine Träume immer als ein Geschenk.

Die Träume kommen, um uns zu führen und uns zu helfen. Selbst wenn ihre Inhalte unangenehm sind oder so erscheinen, sind die Träume darauf angewiesen, dass wir sie mit Liebe empfangen. Ihr Potenzial können sie nur entfalten, wenn wir sie vorurteilsfrei willkommen heißen.

Deshalb ist es notwendig, wenn wir beginnen, Träume zu «rufen», indem wir uns ihnen zuwenden, *alle* Träume wahrzunehmen und zunächst nicht zu sortieren. Mit der Zeit dann lernen wir zu unterscheiden, und wie von selbst geben wir unseren verschiedenen Träumen unterschiedliche Aufmerksamkeit. Dies entspricht dem weiblichen Weg: Zunächst umarmen wir *alles*, um dann zu differenzieren und uns zu fokussieren.

Doch was geschieht nun, wenn wir die Träume erinnern, wenn wir sie als wertvoll erachten und beglückt über ihren Reichtum, den sie vor uns ausbreiten? Was fangen wir mit ihnen an? Zuerst wollen wir sie verstehen.

Gibt es einen Weg, dies zu tun, ohne unter Druck zu geraten zwischen «richtig» und «falsch»? Gibt es einen mühelosen Weg, der dennoch leidenschaftlich ist und gleichzeitig voller Respekt?

Der weibliche Weg, mit Träumen umzugehen, ist das «Gespräch», der Dialog, die Kommunikation mit ihnen, vielmehr als die Deutung im strengen Sinne.

Häufig geschah es bei der Traumarbeit in unseren Gruppen, dass Menschen im Nachhinein plötzlich feststellten, dass wir die Träume «gar nicht interpretiert» hatten. Dennoch hatten sie sich in ihrem ganzen Potenzial entfaltet, und nicht nur die Träumerin, sondern auch jene, die zuhörten und sich an dem «Gespräch» beteiligten, fühlten sich erfüllt und belebt von dem Geist des Traumes. Nicht das Wetteifern in der Kenntnis von Symbolen und deren Bedeutung, nicht ein vorschnelles Verschnüren eines «Traumpakets zum Mitnehmen», sondern Geduld und Empfänglichkeit für Unbekanntes erschließen uns ihre Botschaft.

Gespräch mit dem Traum

Als Erstes werfe alles aus deinem Boot, was du jemals über Traumsymbole wusstest oder davon gehört hast. Entferne die Bücher über Traumsymbolik aus deinem Regal und wenn du sie nicht weggeben möchtest, so verstaue sie irgendwo, wo du sie vielleicht später, wenn du magst, wieder hervorholen kannst.

Jetzt bist du leichter, dein Boot wird mühelos von den Wassern des Unbewussten getragen. Von all dem, was du über Bord geworfen hast, wird das, was wichtig bleibt, wieder zu dir zurückkehren, wenn die Zeit dafür gekommen ist.

Wenn der Verstand mit seinem Wissen, das von außen angeeignet ist, zur Seite tritt, so hat der intuitive Verstand eine Chance.

Mit Hilfe deines intuitiven Verstandes näherst du dich dem Traum, in der Bereitschaft, mit ihm in einen Dialog zu treten. Du stellst dich auf ihn ein, so wie du dich auf einen eigenwilligen Gast einstellst, den du zum Tee eingeladen hast.

→ Die Eigenwilligkeit eines Traumes drückt sich aus in seiner *Gefühlsqualität*. Du schwingst dich auf ihn ein, indem du erfasst, welche Qualität von Gefühl er mitbringt. Es ist wichtig, dabei zu beachten, dass äußeres Geschehen und innere Gefühlsqualität eines Traumes sehr weit auseinander klaffen können. So kann es sein, dass ein Traum dein Herz tief berührt, deine Liebe oder dein Mitgefühl anspricht, oder dass er ein befreiendes Gefühl hinterlässt wie ein geöffnetes Fenster, ohne dass seine Handlung, wie wir sie vorder-gründig interpretieren würden, dem entspricht, weil sie für unser Alltagsbewusstsein eher unangenehme Inhalte enthält. Ebenso können Träume Gefühle von Enge und Ungelöstheit mit sich bringen, während dein Alltagsverstand oder auch ein Buch über Traumsymbole seine Bilder anders, vielleicht positiver deuten würde.

→ Sobald du im Gefühl des Traumes mitschwingst, hast du Zugang zu einer *gemeinsamen Sprache*, in der du dich mit den Bildern und Botschaften des Traumes unterhalten kannst. Nutze dein Assoziationsvermögen, es wird dich auf die richtige Spur führen.

Höre zu und sei geduldig. Frage nach und warte. Nicht immer offenbart sich ein Traum sofort. Lausche nach innen. Das Gespräch mit einem Traum ist meistens ein *Prozess*.

→ Doch manchmal offenbart er sich auch in einem einzigen Moment. Schlagartig *weißt* du. Dies sind Momente der absoluten Klarheit, und das Wissen erscheint sehr präzise. Hier ist es wichtig, dass du wachsam bist und zugreifst. Der Moment ist schnell vergangen, und schon ist, wenn du nicht augenblicklich zugreifst, das Wissen weitergezogen oder wieder untergetaucht in den Wassern des Unbewussten.

Befindest du dich jedoch im Prozess des Dialogs mit einem Traum, so kann diese Entwicklung auch über die Wirkung eines einzigen Traumes hinaus sich über mehrere Träume hinweg ausbreiten. Ein Thema erreicht dich in einer Art Serie, um dir den Prozess des Verstehens zu erleichtern.

→ Wenn du das Gefühl hast, nicht weiter zu kommen und völlig festzustecken, so kannst du um einen weiteren Traum bitten, der deine Kommunikation mit der inneren Welt bereichert und dein Verständnis erleichtern kann. Bitte, zu wem immer du innerlich beten kannst, oder verweile vor dem Einschlafen einen Moment bei deiner Frage, deinem Ruf, und lass dein Herz dann diesen Ruf aussenden. Bitte in Demut und Respekt vor den Hütern der inneren Welten und stelle keine Bedingungen. Doch sei nicht zu überrascht, wenn dein Bitten erhört wird! Nimm es als ein Zeichen der Liebe.

Dem Traum einen Ausdruck geben

Eine anregende Möglichkeit der spielerischen und intuitiven Kommunikation mit deinen Träumen ist ihr kreativer Ausdruck, wenn du sie im Licht des Tages erinnerst. So wie du Träume niederschreibst oder erzählst, kannst du sie auch in einem gemalten Bild wiedergeben oder in Bewegung umsetzen, indem du sie tanzt.

Eine künstlerische Annäherung an deine Träume unterstützt den Tanz zwischen den Welten: Du befasst dich mit einem Stoff, der aus einer anderen Welt kommt und gleichzeitig drückst du dies mit Hilfe deines physischen Körpers aus, im Licht und Bewusstsein des hellen Tages. Durch diesen Umgang können sich für manche Frauen Erkenntnisse aus den Träumen auf leichtere Weise realisieren als durch Gedanken und Überlegungen.

Wichtig ist jedoch, dieses kreative Gespräch mit dem Traum, symbolisch gesehen, im «hellen Tageslicht» zu führen, das heißt, deine Bewusstseinskräfte mit hineinzunehmen. Denn es geht um eine Kommunikation zwischen *beiden* Welten.

Unterscheidung verschiedener Arten von Träumen

Wenn du für eine Weile alle Träume, die zu dir kommen, hereingebeten und sie dadurch ermutigt hast, intensiver, eindringlicher und klarer mit dir zu sprechen, so beginnst du, völlig natürlich, irgendwann, sie zu unterscheiden, verschieden zu gewichten, aus ganz unterschiedlichen Perspektiven zu betrachten. Es kommt der Zeitpunkt, wo es notwendig wird, dass das alles umarmende Weibliche Unterstützung erhält von der männlichen Qualität der Unterscheidungskraft und der klaren Ausrichtung.

Die Unterscheidung der Traumarten ist sicherlich auf sehr verschiedene Weise möglich, je nach den Kriterien, die wir benutzen. In der spirituellen Arbeit mit Träumen, so hören wir von jenen, die erfahren darin sind, ist es wichtig, darauf zu schauen, von welcher Ebene der Traum kommt.

Ein wenig vereinfacht führt uns diese Unterscheidung zu drei Arten von Träumen:

In den hier genannten *Alltagsträumen* spiegelt sich unsere physische Realität und unser Leben in der äußeren Welt. Die so genannten *psychologischen Träume* befassen sich mit unseren innerpsychischen Erfahrungen und Entwicklungen und der Art und Weise, wie wir diese verarbeiten, auch wie Verletzungen in der Psyche geheilt werden und wie wir individuell zu Ganzheit finden können. Die *spirituellen Träume* schließlich sind jene Träume, die auf direktem Weg von unserem Höheren Selbst, geradewegs und unvermittelt von der Seele kommen, ohne zuvor noch in andere Ebenen unseres Seins gespiegelt zu werden.

Alltagsträume

Es gibt Menschen, die wachen in der Nacht von einem Traum auf, in dem sie darauf hingewiesen werden, dass sie ihre Haustür nicht geschlossen haben. Sie stehen auf, sehen nach und finden ihre Tür offen. Hier erfüllt der Traum die wertvolle Funktion einer Hilfestellung auf der Alltagsebene.

Wir kennen auch Träume, die alltägliche Situationen aufarbeiten und der Psyche zu Hilfe kommen, Eindrücke aus dem Alltag zu integrieren, noch einmal zu durchleben oder innerlich «zu Ende zu leben», das heißt abzuschließen. Solche so genannten «Alltags-Rest-Träume» sind notwendig, wollen akzeptiert sein, bedürfen aber mit der Zeit keiner besonderen Beachtung oder Deutung mehr.

Mitunter geben Träume, die sich auf das tägliche Leben beziehen, wertvolle Hinweise und Tipps, ganz konkret und direkt, zu einer Aufgabe im Alltag. Häufig genug ziehen diese Ratgeber unverrichteter Dinge vorüber, da wir sie nicht beachten oder allenfalls als kuriose Gespinste der

Nacht ansehen. Manchmal freilich erscheinen sie sehr verschlüsselt, und nur wenn wir uns mit ihnen befassen, entfaltet sich ihre Bedeutung, sodass wir sie als Inspiration für unser tägliches Leben nutzen können.

Was kann geschehen, wenn wir wieder beginnen, *bewusst* von diesen inneren Ressourcen Gebrauch zu machen? Wenn wir sie aus den Verstecken ziehen, ans Licht holen und ihnen wieder vertrauen? Wir würden beginnen, unsere Träume zu *leben*, indem wir unseren intuitiven Verstand genauso selbstverständlich nutzten wie den rationalen.

Auch der ganz gewöhnliche Alltag hat Platz für Intuition, und das praktische tägliche Leben kann durch die Weisheit unserer Träume unterstützt werden.

Psychologische Träume

Verwoben mit dieser Ebene ist der Bereich unserer Psyche, der einen Reichtum an so genannten psychologischen Träumen herbeiruft. Die Herkunft eines Traumes von dieser Ebene deutet uns die Unterstützung an, die im rechten Moment kommt im langen Prozess, die Ganzheit unserer Psyche zu finden. Mit Hilfe jener Träume können wir auf eine tiefe, annehmende und heilende Weise an uns arbeiten. Wir können die verdrängten und vergessenen Anteile von uns selbst wieder nach Hause holen und unseren Schatten

annehmen und integrieren. Wir entdecken ungelebte psychische Potenziale und finden Hinweise, wie wir sie integrieren können. Wir lernen uns selbst kennen.

So kann der erwähnte Traum von der unverschlossenen Haustür, wenn er nicht wörtlich und auf den Alltag bezogen, sondern psychologisch gedeutet wird, einen ganz anderen Sinn haben. Vielleicht liefert er hier einen Hinweis für eine Öffnung, für neue Möglichkeiten im Bereich unserer Psyche, für unsere Bereitschaft, Gefühle oder Gedanken zuzulassen, die wir zuvor «ausgesperrt» hatten.

Der folgende Traum einer Frau zeigt, wie die Bilder und das Geschehen eines psychologischen Traumes individuelle Geschichte, die Gesetzmäßigkeiten und die Dynamik der Psyche wie auch Heilungs- und Wachstumsmöglichkeiten zu einem einzigartigen Muster verweben:

«Ich bewege mich durch eine karge, aber sehr geordnete Landschaft. Die Bäume sind in Reihen gepflanzt, mein Weg ist sehr übersichtlich. Doch plötzlich ändert sich die Gegend. Wo zuvor mein Weg noch eben war, verdecken mir jetzt Hügel die Sicht. Meine Umgebung erscheint mir völlig unbekannt. Gerade als ich beginne, neugierig zu werden und mich für diese Gegend zu interessieren, taucht eine Frauengestalt auf. Sie läuft einen Hügel herab, geradewegs auf mich zu. Sie ist irgendwie verrückt, unangepasst, anders … Ich möchte nichts mit ihr zu tun haben,

sie aber läuft geradewegs auf mich zu. Sie sieht schmutzig aus, vernachlässigt, sehr bedürftig. Diese Frau möchte zu mir, doch ich wehre das ab und laufe in eine andere Richtung. Dann wechselt die Szene, und ich befinde mich in einem hellen Haus mit fröhlichen Menschen. Ich fühle mich wohl. Plötzlich taucht unter all den fröhlichen Menschen wieder jene Frau auf. Sie schaut mich an, als wolle sie sagen: Nun, bekennst du jetzt, dass du mich kennst? Dieses Mal gehe ich auf sie zu. Ich umarme sie, und sie lächelt. Ich weiß jetzt, dass ich sie nie wieder verleugnen werde, denn ich kenne sie, und sie ist mir nah.»

Dieser Traum markierte einen wichtigen Schritt im inneren Leben der Träumerin, dem auch äußere Veränderungen folgten. Nachdem ihr Leben zuvor in geordneten Bahnen verlaufen war, kamen plötzlich einige Überraschungen auf sie zu. Als sie begann, sich auf das Leben als ein Abenteuer einzulassen, mehr zu riskieren, verlangte die «verrückte» Seite in ihr, die sie lange vernachlässigt hatte, Aufmerksamkeit. Aufgrund persönlicher Kindheitserlebnisse hatte sie versucht, alles Überraschende, Unvorhersehbare aus ihrem Leben zu verbannen. Gleichzeitig führte so auch ihre Kreativität ein Schattendasein. Im Traum war sie mit dieser psychologischen Dynamik aus ihrer eigenen Geschichte konfrontiert und fand gleichzeitig einen Weg heraus aus dem Gefangensein in dieser Situation. Die andere Frau im Traum spiegelte einen weiblichen Teil ihrer selbst, den sie lange abgelehnt hatte und der jetzt danach verlangte, akzeptiert und geliebt zu werden. Die Träumerin durchlebte die Gefühle von Scheu, Widerwillen und Abwehr, aber auch Fröhlichkeit in einem «hellen Haus», das darauf hinweist, dass Licht in vorher dunkle Bereiche fällt. Sie erlebte im Traum die erlösende und heilende Kraft des Annehmens, das zu mehr Ganzheit führt. Die Bilder des Traums haben eine starke Symbolkraft und sprechen für sich selbst.

Psychologische Träume verfügen über einen unermesslichen Schatz an Symbolen und Bildern und führen uns zuweilen in eine fantastisch magische Welt voller eigentümlicher Wesen, lichter und dunkler Gestalten, individueller Begleiter auf unserem Weg. Ähnlich wie wenn wir einen alten Mythos zu verstehen suchen, fordern jene Träume von uns eine besondere Offenheit für ihre Symbolsprache und belohnen uns mit der Offenbarung komplexer Sinnzusammenhänge. Psychologische Träume schildern die persönliche psychologische Dynamik des jeweiligen Träumers. Wenn wir später zu den spirituellen Träumen kommen, so werden wir sehen, dass diese im Gegensatz zu den psychologischen Träumen weit über das Persönliche hinausgehen.

Mythologische Träume

Doch widmen wir uns zunächst noch einem Übergangsbereich zwischen den persönlichen psychologischen und den spirituellen Träumen. Es sind die Träume, die sich mit den Urbildern der Menschen befassen, den so genannten Archetypen. Diese leben in der Sphäre psychischer Symbole, doch haben sie nicht nur eine individuelle Bedeutung, sondern sprechen durch machtvolle kollektive Bilder. Sie treten beispielsweise auf als Tierwesen oder Ungeheuer oder kommen in Gestalt von Göttinnen und Göttern in den Bereich der menschlichen Vorstellung. Diese Urbilder leben sowohl in einer inneren psychischen Welt des individuellen Menschen wie auch in kollektiven Mythen ganzer Zeitepochen. Angesichts unserer Frage nach dem weiblichen Weg wollen wir den Göttinnen nicht verweigern, sie hier zu erwähnen. Sind sie doch Urtypen, Aspekte des göttlich Weiblichen, die als Ideen und Ideale in den Tiefen unserer Psyche auch dann leben, wenn wir ihnen wenig Aufmerksamkeit schenken.

Sie sind geheiligte Aspekte des weiblichen Seins, und wenn sie in unseren Träumen erscheinen, so sind tiefstliegende Schichten unserer psychischen Welt berührt. Türen werden geöffnet, wie wir dem Göttlichen in unserem Leben Raum geben können. Die Jungsche Psychologie sagt, dass die Traumsymbole auf der individuellen Ebene den großen Urbildern oder Archetypen auf der kollektiven Ebene entsprechen, denn was für das Individuum die Träume sind, das sind für das Kollektiv die Mythen.

Jede Entwicklung einer neuen Stufe im Bewusstsein des menschlichen Kollektivs bringt neue Mythen hervor, deren Archetypen dieses Bewusstsein spiegeln, ebenso wie sich die Träume des Menschen mit seiner fortschreitenden Entwicklung verändern. Individuelle und kollektive Geschichte sind in unserem Innern aufs tiefste miteinander verwoben, und es gibt besondere Momente, in denen sie in der Gestalt einer Göttin oder eines Gottes miteinander verschmelzen und durch einen erinnerten Traum ins Bewusstsein gelangen.

Einen solchen Traum, der individuelle und kollektive, psychologische und spirituelle Aspekte in sich vereinigt, hatte eine Frau aus unserer Meditationsgruppe über den Umgang mit weiblichem Wissen:

Ich sitze mit mehreren Personen zusammen, und wir spielen ein Kartenspiel, mit ganz normalen Skatkarten. Ich bin an der Reihe, eine Karte auszuwechseln. Es ist mein letzter Spielzug, danach wird das Spiel zu Ende sein. Ich habe drei «Damen» und eine «Isis-Karte» (so heißt sie im Traum) in der Hand. Ich weiß, dass die vierte Dame in der Hand einer anderen Mitspielerin ist und ich es durch meinen nächsten Spielzug nicht schaffen kann, diese Dame zu bekommen. Für mich ist das auch in Ordnung so. Doch dann höre ich eine Stimme, die mir sagt, ich habe die Möglichkeit, meine Isis-Karte in ebendiese mir fehlende Dame umzuwandeln. Doch ich lehne dieses Angebot ab, denn mir erscheint die Isis-Karte viel zu kostbar, um sie für eine normale Skatblatt-Dame einzutauschen.

Die Beschäftigung mit diesem Traum führte uns zu der tiefen sehr alten Weisheit des Weiblichen, der Weisheit der Göttin Isis. Die Träumerin erfährt, dass sie die Möglichkeit hat, das Weibliche vollständig zu machen und zur Ganzheit zu führen. Das Blatt der Damen in ihrer Hand wäre dann komplett.

Der Preis, den sie zahlen müsste, wäre, die kostbare Karte der Göttin Isis herzugeben, der jahrtausendealten weiblichen Weisheit. Sie dürfte sie nicht länger horten, müsste sie loslassen, sie wandern lassen und dem Wandel überlassen. Die Karte der Göttin würde nicht verloren gehen, sie würde umgewandelt werden. Das Wissen käme wieder in die Welt.

Die Träumerin weiß um die Kostbarkeit dieses Wissens, und das macht ihre Weigerung verständlich. Sie, und vielleicht mit ihr all die weisen Frauen dieser Welt, sind noch nicht bereit dazu, obwohl Einzelne bereits die Stimme hören, die uns sagt, die Möglichkeit ist da.

Im Gespräch mit diesem Traum innerhalb unserer Gruppe wurde deutlich, dass die Bedeutung dieses Traums über die individuelle und psychologische Seite weit hinausweist. Je mehr wir uns mit ihm beschäftigten, desto deutlicher wurde uns, wie viel dieser Traum uns erzählte von uns selbst und unserem weiblichen Weg.

Wie sehr spiegelt die spontane Weigerung der Träumerin unsere Haltung wider, dass die Göttin in uns zu schade, zu kostbar ist für diese alltägliche, normale Welt. Die Dame, unsere menschliche weibliche Seite, bleibt unvollständig, solange sie nicht von der göttlichen weiblichen Seite in uns inspiriert und so zur Ganzheit geführt wird. Doch lieber horten und hüten wir die Isis in uns und halten sie gefangen in einer Art keimfreiem Götterhimmel. Wir bringen sie nicht ins Spiel des Lebens, in das Spiel der Wandlungen und Verwandlungen, des Gebens und Nehmens, des Austauschs und der wechselseitigen Beziehungen. Aber es ist die Göttin in uns Frauen, die das Leben glitzern lässt im Sonnenlicht, die Funken der Freude sprüht in unseren alltäglichen Erfahrungen, die uns den verführerischen Duft des Weiblichen verleiht, der an die Ewigkeit erinnert.

Das Weibliche in jeder Frau sehnt sich danach, seine ihm innewohnende Ganzheit zu leben. Diese Vollständigkeit ist schon immer da gewesen und scheint immer hindurch, doch kann ihr volles Potenzial nur dann gelebt werden, wenn die Göttin «herabsteigt».

Dieser Traum einer Frau, die sich bewusst wird, dass sie die ihr innewohnende Weisheit nicht lebt, rührte in allen, die diesen Traum teilen durften, in Frauen wie Männern, noch etwas anderes an: die Ahnung davon, wie sehr die Welt sich sehnt nach dem Duft der Göttin, nach dem Glitzern des Lichts in allem, was geschaffen ist. Die Welt hungert danach, wieder die Farben der Blüten als pures Licht wahrzunehmen, wenn am Morgen das Sonnenlicht durch die Tautropfen der Nacht reflektiert wird. Die Erde sehnt sich danach, dass ihre heilige Substanz in der ganzen Schöpfung wieder erkannt wird.

Träume dieser Art können als verborgene Aufforderung verstanden werden, selbst, durch das eigene Leben beizutragen zu einer Entwicklung unserer Welt in diese Richtung – sofern es dem göttlichen Willen entspricht.

Spirituelle Träume

Der Ort, an dem wir aufs Klarste und Direkteste verbunden sind mit dem göttlichen Willen, ist das, was wir das Höhere Selbst nennen, die Ebene der Seele.

Manchmal spricht ein Traum direkt von dieser Ebene zu uns. Wir nennen diese Träume hier, etwas vereinfacht, spirituelle Träume. Solche Träume kommen ohne Umschweife. Sie sind nicht interessiert an unseren psycho-logischen Problemen oder allerlei bunt gefärbten Geschichten, mit denen wir uns aufhalten und ablenken können. Sie lenken die Aufmerksamkeit in sehr klarer Weise auf das Schicksal unserer Seele, auf unseren spirituellen Pfad, auf eine Welt des Überpersönlichen.

Die Ebene der Seele ist eine Ebene des reinen Seins, und ihre Substanz ist Liebe. Liebe, so rein und ungeteilt, wie sie innerhalb des Geschaffenen nur sein kann.

Spirituelle Träume tragen den Stempel dieser reinen Liebe. Sie bringen einen Duft mit, der uns mit Sehnsucht erfüllt und der so betörend ist, dass wir den Traum nicht einfach übergehen können. Diese Träume haben eine Kraft, die manchmal unser ganzes Wesen erschüttert, sie sind jenseits von Emotionen und von Zweifeln und tragen unmissverständlich die Prägung von Wahrheit.

Durch solche Träume erhaschen wir einen kurzen Blick in diese Welt des reinen Seins.

Häufig erscheint ein solcher Traum, wenn wir unseren Weg auf einem spirituellen Pfad beginnen. Immer wieder erleben wir in unseren Meditationsgruppen, dass Menschen solche eindrücklichen spirituellen Träume haben, wenn sie neu in die Gruppe kommen. Unvoreingenommen und wenig geprägt durch den Vergleich mit anderen sind diese Menschen offen dafür, dass etwas von der Wahrheit ungetrübt zu ihnen durchdringt. Oft ist die Essenz des gesamten individuellen Pfades in einem solchen Traum vorhanden, oder eine Qualität, die zur Tradition des Pfades gehört, wird dem Träumer sichtbar gemacht. Manchmal begegnen sie den Lehrern oder vorangegangenen Meistern des Pfades, ohne jemals zuvor von ihnen gehört oder gelesen zu haben, ohne sie jemals gesehen zu haben. Denn die Verbindung besteht auf der Ebene der Seele. Mitunter kommt durch solch einen spirituellen Traum ein Wissen durch, das nur auf jener Ebene existiert. Es ist jenseits aller persönlichen Belange, und die Hilfe, die durch dieses Wissen gegeben wird, richtet sich immer auf eine Ebene in der Welt, die überpersönlich ist.

Folgenden Traum hatte eine Frau vor einigen Jahren, nachdem sie zum ersten Mal die Meditationsgruppe besucht hatte, der sie bis heute angehört:

Ich bin mit mehreren Menschen zusammen in einem kleinen Raum. Scheinbar leben wir dort. Mit einem Mal stehe ich auf, verlasse den Raum und mache mich auf den Weg zu einem Raum in der Nachbarschaft. Ich weiß, dass dort der Lehrer, ein großer Meister und Heiliger, in tiefer Versenkung sitzt. Ich fühle eine große Sehnsucht nach ihm, und um jeden Preis möchte ich zu ihm gelangen. Mein Weg dorthin führt mich eine schmale Treppe abwärts, über verwinkelte Wege, und ich muss ein kleines Tor passieren.

Es ist stockdunkel, und ich wundere mich darüber, wie einfach ich diesen schwierigen Weg im Dunkeln finde, ohne mich zu verlaufen. Dann denke ich, dass ich diesen Weg vielleicht schon einmal gegangen bin, als es hell war.

Durch diesen Traum wurde die Erinnerung der Träumerin an die tiefe Seelenverbindung zu ihrem Lehrer und dem spirituellen Pfad geweckt. Ohne ihm jemals physisch begegnet zu sein, spürte sie, ohne jeden Zweifel, ihre Sehnsucht und Zugehörigkeit in ihrer ganzen Intensität. Durch den Weg, den sie im Traum zurücklegte, wurden ihr Einblicke gegeben in wesentliche Zustände, Erfahrungen und besondere Qualitäten des Pfades, auf den sie eben bewusst zum ersten Mal ihren Fuß gesetzt hatte. Sie geht den Weg allein, und doch wird sie geführt. Sie steigt nicht auf ins Licht, wie wir es uns gern vorstellen, sondern muss hinabsteigen in Dunkelheit, was für sie die Auseinandersetzung mit der eigenen Dunkelheit symbolisierte. Sie muss ein Tor passieren, was ein Sinnbild für eine Initiation ist. Etwas in ihr kennt den Weg im Hellen, im Licht. Dies ist ihr Höheres Selbst.

Im Bereich der spirituellen Träume berühren wir eine Schwelle. Um *bewussten* Zugang zu dieser Ebene des reinen Seins zu finden, brauchen wir einen lebendigen spirituellen Pfad und, in welcher Form auch immer, die Verbindung zu einer Lehrerin oder einem Lehrer, der diesen Pfad lebt und lehrt. Wir können spontane Einblicke haben in diese Ebene, doch wir können nicht durch eigene Anstrengung und allein dorthin gelangen und damit vertraut werden, wir müssen zu dieser Dimension unseres Seins hingeführt werden. Dies geschieht durch Gnade und zu dem Zeitpunkt, an dem wir reif dafür sind.

Der spontane Einblick in die Ebene der Seele durch einen spirituellen Traum läutet als Initiationstraum meistens den Beginn, den ersten Schritt auf einem Pfad ein. Es ist das Höhere Selbst, das durch einen kräftigen Impuls von der inneren Ebene aus einen Anstoß dazu gibt, dass sich das Schicksal unserer Seele erfüllen kann.

Solche Träume oder damit verbundene Ereignisse können mit einer erschütternden Intensität in unser Leben treten. In diesen Momenten stehen wir im blendenden Scheinwerferlicht des Höchsten in uns, und manchmal ist da eine Verführung, «abzuheben», unsere menschliche Natur und Erdverbundenheit zu vergessen und uns mit dem Licht zu identifizieren, das nicht wirklich uns gehört. Ein Ausgleich ist nötig, der uns letztendlich wieder zum Boden der Tatsachen bringt und verhindert, dass wir uns in einem Sprudelbecken spiritueller Fantasien verlieren.

Träume in der Gruppe erzählen

Was nun balanciert das Licht besser als die Dunkelheit? Und wo begegnen wir der Dunkelheit am ehesten und zwingendsten, wenn nicht im Spiegel der anderen Menschen, die uns immer wieder die eigene Dunkelheit reflektieren? Deshalb kann es wichtig werden, mit anderen zusammen zu sein, mit aufrichtigen Menschen auch unsere Träume zu teilen. Spirituelle Begleitung, Gesellschaft und Freundschaft haben deshalb eine nicht zu unterschätzende Bedeutung. Letztendlich gehen wir unseren Weg zwar ganz allein und ganz individuell, doch ein gewisser Austausch, zum richtigen Zeitpunkt, am richtigen Ort, mit den richtigen Menschen, kann sehr wichtig sein. «Im Alleinsein liegt Ansehen, und im Ansehen liegt Gefahr. Das Wohl ist in der Gruppe zu finden.» So formulierte es bereits im 14. Jhd. Baha'uddin Naqshband, ein großer Sufi-Meister.

Das Zusammensein in Gruppen ist auch deshalb für Frauen notwendig, weil es ihr Bedürfnis nach Beziehung erfüllt. Darüber hinaus trägt für uns alle der Spiegel, in den wir durch die Begegnung mit anderen blicken, dazu bei, dass wir unsere Füße auf dem Boden behalten. Irina Tweedie, eine zeitgenössische Sufi-Lehrerin, sagte: «Man wächst schneller, reift schneller, wenn man in der Gruppe ist.» Warum? Einer der Gründe ist, dass alles, was übers Ziel hinausschießt, in gewisser Weise «korrigiert» und ausbalanciert wird. Die Gefahr ist geringer, dass wir arrogant werden und unseren eigenen Illusionen über uns selbst verfallen. Auch aus diesem Grund erzählen Sufis auf diesem Pfad ihre Träume in der Gruppe, auch um die Gefahr zu bannen, jeden «banalen» Traum zu spiritualisieren. Die Träume mit anderen zu teilen hilft, unterscheiden zu lernen und zu relativieren.

Der Atem

Der Atem ist die Grundvoraussetzung für unser Leben. Ohne Atem hört das Leben auf. Jeder Mensch hat bewussten Zugang zu seinem Atem, viel mehr noch als zu seinen Träumen, zu denen die Verbindung manchmal erst freigelegt werden muss. Der Atem wirkt so tief in die physische Dimension, dass wir ihn, solange wir am Leben sind, nie wirklich vergessen können. Freilich atmen die meisten Menschen die meiste Zeit ihres Lebens unbewusst, doch wenn wir erinnert werden, wenn jemand sagt: «Atme mal tief ein», so weiß jeder, worum es geht und was zu tun ist.

Bewusst atmen

Setze dich entspannt hin und schließe deine Augen. Gehe mit deiner inneren Aufmerksamkeit zu deinem Atem. Nimm zu Beginn einen tiefen Atemzug, atme wieder aus und beobachte dann den Atem, so wie er jetzt von selbst fließt. Schaue dir deinen Atem an, wie er gerade ist. Versuche nicht, ihn zu beeinflussen, zu «verbessern», auf irgendeine Art zu manipulieren. Sei wie ein Zeuge dieses wunderbaren Geschehens, das durch dich hindurchfließt. Du atmest ein und du atmest aus. Der Atem strömt in dich hinein und strömt aus dir aus. Der Atem fließt von selbst, fließt so, wie er es braucht, wenn du ihn lässt. «Es» atmet dich.

Wenn du bemerkst, dass deine Gedanken abschweifen, so rufe dich wieder sanft zurück zu deinem Atem. Eines der wunderbarsten Geschehen dieser Welt findet hier statt, in deinem Atem. So versäumst du nichts, wenn du nicht woanders bist. Alles, was wichtig ist, findet in diesem Moment hier in deinem Atem statt.

Für diese einfache Übung des bewussten Atmens ist Raum zu jeder Zeit
des Tages oder auch der Nacht, wenn
du nicht schläfst. Um noch tiefer das
Geheimnis des Atems zu erfahren,
kannst du diese Übung folgender-
maßen erweitern:

Mit dem Atem reisen

Beobachte weiter deinen Atem. Gehe mit ihm durch die körperlichen
Regionen, die er berührt. Beobachte, wie er durch deine Nase einströmt,
deine Lungen erfasst und deinen Leib weitet, und wie er wieder aus
deinem Körper ausströmt.

Ebenso wie wir unserem Atem auf einem äußeren, einem körperlichen
Weg folgen können, so ist es auch möglich, dies auf einer Art innerem
Weg zu tun: Beginne mit dem Ausatmen, schließe dann deine Augen und
gehe jetzt mit deinem Einatmen einen Weg nach innen. Ähnlich wie in
einem magnetischen Kraftfeld wirst du zusammen mit dem Strom des
Einatmens von einem tiefen Ort angezogen, in das Zentrum deines
innersten Selbst. Du kannst, während du einatmest, mitfließen zu diesen
innersten Ebenen deines Seins, bis du ganz eingetaucht bist in etwas,
das absolut frei ist.

Hier am tiefsten Grund deines Einatmens entsteht eine kleine Pause,
eine Art Stille. Bleibe mit in dieser Stille, so wie du zuvor mit dabei warst
in der Bewegung des Atems.

Wenn das Ausatmen dich wieder ruft, fließe mit ihm zusammen zurück.
Spüre, wie du mit ihm zurück in die äußere Welt strömst, und öffne dann
deine Augen. Spüre deine Füße auf dem Boden.

Schau dir ein paar Atemzüge lang die Welt um dich herum an so, wie du
sie jetzt siehst, dann schließe wieder deine Augen mit dem Einatmen und
fließe noch einmal bewusst mit deinem Atem seinen inneren Weg.

Der Atem ist die Schwingung des Lebens, die unsere Seele mit dem Körper verbindet. Seine Flügel schweben zwischen den Welten, und der Rhythmus seines Flügelschlags erinnert die Erde an den Himmel und den Himmel an die Erde. Sein Hauch zeichnet die feine Linie des Horizonts, dort wo sich Himmel und Erde treffen. Der Atem fließt im Rhythmus von Ausdehnung und Zusammenziehen, von Fülle und Leere, manifestiert sich und löst sich wieder auf, fließt zwischen Sein und Nicht-Sein. Wenn wir jemals unseren Atem bewusst erlebt haben, so wissen wir, dass zwischen seinen gegenseitigen Strömen ein Moment der absoluten Stille existiert. Auf seinem tiefsten Grund, am Ende des Einatmens, da erreicht uns ein Lächeln. In der Stille zwischen Einatmen und Ausatmen ist eine tiefe Seligkeit. Hier ist der Ort, wo alles Eins ist, hier berühren wir das Land unserer Heimat, unser Zuhause.

Diesen Ort der Nähe betreten wir in jedem Atemzug, und doch verlassen wir ihn wieder. Atmen wieder aus, atmen wieder ein, bewegen uns weiter im Rhythmus des Zusammenfließens und wieder Loslösens. Immer wieder müssen wir diesen Ort verlassen, um wieder neu dort anzukommen, und jedes Verlassen erneuert die Sehnsucht danach, wieder in diese Seligkeit einzutauchen. Dies ist die Spannung, welche die Schöpfung braucht, um fortzubestehen. Es ist

die feine Balance zwischen Nähe und Trennung, auf deren Mittelpunkt das Leben tanzt wie auf einem dünnen Seil.

Die Erfahrung des Atems ist gleichermaßen bedeutend für Frauen wie für Männer. Der Weg der Seele in dieser Welt ist verknüpft mit dem Atem. Doch in seiner Eigenschaft als Brücke zwischen den Welten macht der Atem auf wunderbare Weise deutlich, was wichtig ist für einen weiblichen Weg der Transformation und für die Meditation der Frau.

Da in der Frau Geist und Materie auf eine andere Weise zusammenkommen als im Mann, und da die Frau ein intimes Wissen um die Geheimnisse der Schöpfung in sich trägt, erlebt sie den Atem auf eigene Weise. So wird ein spiritueller Pfad, dessen Meditation und Praxis der weiblichen Natur entsprechen will, berücksichtigen, dass es eine weibliche Erfahrung des Atems gibt.

Prana

Wir alle, Frauen wie Männer, spüren den Atem im Körper, er gibt uns das Gefühl des Lebendigseins. Bleibt er weg oder ist seine Funktion gestört, so geraten wir leicht in Panik, wenn nicht gar in Todesangst. Wir alle verbinden den Atem mit unserer körperlichen Existenz. Jedoch vergessen wir leicht, dass auch unser Körper ohne Seele nicht leben kann, dass der

Atem den Körper beseelt. Der Atem, auf einer physischen Ebene, versorgt den Herz-Lungen-Kreislauf mit Sauerstoff. Auf einer inneren Ebene aber bringt er immer wieder neu die Seele mit dem Körper zusammen, damit der Körper leben kann, damit wir die Anbindung an das Göttliche nicht verlieren. Dies geschieht durch das Aufnehmen von Lebensenergie durch den Atem. Die Vitalenergie, die im Chinesischen Chi, im Sanskrit Prana heißt, kann als eine Art elektrischer Ladung verstanden werden, die unseren Körper und Geist aktiviert. Wie in einem magnetischen Strom werden wir dazu veranlasst, immer wieder neu ein- und auszuatmen. Dabei bilden das Aufnehmen von Sauerstoff und die damit verbundenen Stoffwechselprozesse die Grundlage dafür, Prana aufzunehmen und uns mit dieser universellen Lebenskraft zu verbinden. In diesem magnetischen Strom werden Körper und Seele zusammengehalten. So gibt uns der Atem die Möglichkeit, die Seele auf *körperliche* Weise zu erfahren. Wir können das, was unsere Seele ausmacht oder was wir das Göttliche nennen, vielleicht mit unserem Verstand nicht begreifen, erfassen oder definieren, aber wir können es erfahren. Ähnlich verhält es sich mit dem, was wir Prana nennen. Prana ist nicht die Luft, die wir einatmen, und Prana ist mit den Mitteln unserer gegenwärtigen Naturwissenschaften nicht erfassbar oder analysierbar.

Aber wir können Prana erfahren, auch physisch wahrnehmen. Wenn auch der Luftstrom, der den Magnetismus des Atems begleitet, nur unseren Lungenkreislauf durchläuft, so gelingt es uns doch mit wenig Übung, seine Vibrationen in jede Zelle unseres Körpers zu führen. Es erfordert kein ausgedehntes yogisches Training, um erleben zu können, wie der Atem ein Wohlbefinden in jeder Zelle unseres Körpers erzeugt, wenn wir innerlich zentriert sind. Es ist vielmehr fast eine Alltagserfahrung, wir fühlen uns belebt oder nennen es «Entspannung». Wir kennen das als eine zutiefst körperliche Erfahrung.

Den Atem in den Körper «führen»

Lege dich entspannt hin und sorge dafür, dass dein Körper warm ist. Lasse deinen Atem, so wie du es schon kennst, in seinem eigenen Rhythmus fließen. Du atmest ein und du atmest aus. Vergegenwärtige dir, dass der Atemstrom dem Fluss von Prana, von Lebensenergie folgt. Bleibe ganz mit deiner Aufmerksamkeit bei deinem Atem und sei dir jedes einzelnen Atemzugs bewusst.

Gehe dann mit der Aufmerksamkeit in deinen Körper und spüre, wie der Atem deinen Körper belebt. Lasse zu, dass er, wo immer er hinfließen möchte, auch ankommt. Gehe mit deinem Atem, fließe mit ihm zu jeder Zelle, in alle Regionen deines Körpers.

Am Ende des Ausatmens bist du leer und gleichzeitig erfüllt und vibrierend von deiner körperlichen Existenz. Am Ende des Einatmens kannst du, obwohl dein Körper erfüllt ist vom Atem, in jenem kurzen Moment der Stille oder Pause spüren, wie der Körper eintaucht in die Zärtlichkeit der Leere, die von ganz woanders kommt.

Wenn du fühlen kannst, wie du so weggetragen wirst, mit allem, was zu dir gehört einschließlich deines physischen Körpers, so lasse das zu im Rhythmus deines Atems. Lasse dich wegtragen und kehre wieder zurück, in jedem Atemzug.

Am Ende nimm deinen Körper wahr und würdige deine Erfahrung.

Jeder Atemzug ist ein Schöpfungszyklus in sich selbst.

Der Atem vermittelt dem Menschen auf einzigartige Weise eine elementare, absolut physische Erfahrung und gleichzeitig eine natürliche spirituelle Erfahrung. Frauen erleben die spirituelle Dimension des Atems auf eine physische Weise und die körperliche Erfahrung des Atems auf eine sehr feine, dem Geistigen verbundene Weise.

Spirituelle Praxis, die mit dem Atem zu tun hat, kann sich deshalb unterschiedlich auf Frauen und Männer auswirken. Einige spirituelle Übungen beinhalten eine Kontrolle des Atems, um gewisse Wirkungen hervorzurufen, um andere Bewusstseinszustände zu erreichen. In vielen Fällen brauchen Frauen diese Übungen gar nicht oder nicht in dem Ausmaß wie Männer, da ihre natürliche Weise zu atmen und den Atem zu erleben schon die Praxis selber ist. Sie *sind* verbunden.

Die hier angeführten einfachen Übungen, sich auf eine bewusste Weise mit dem Atem zu verbinden, dienen einer Annäherung an die Meditation und zugleich dem Aufzeigen weiblicher Wege. In der individuellen Erfahrung einer solchen Übung liegt die Möglichkeit verborgen, etwas von dem zu erleben, was wir natürlicherweise sind.

Der Atem der Schöpfung

Konkret erfahren Frauen auf eindrucksvolle Weise den «Atem der Schöpfung», wenn sie ein Kind in sich tragen. Eines der großen Geschenke durch meine eigenen Schwangerschaften war, dass ich erleben durfte, wie meine Atemzüge mich zu dem werdenden Leben in mir hintrugen. Im Atem war ich mit jenem Wesen in mir verbunden, das für die Zeit der Schwangerschaft und eine Weile danach die Tür zum Himmel für mich offen hielt. Wenn wir schwanger sind, «helfen wir mit». Wir können spüren, wie mit jedem Atemzug, den wir tun, die Seele dieses neu geschaffenen Menschen sich mit dem kleinen Körper, der da reift und wächst, neu verbindet. Wie gleichzeitig mit jedem Atemzug, den wir tun, Nicht-stoffliches stofflich wird, dichter wird, manifest wird. Wir sind ein Teil der Schöpfung, indem wir atmen, und gleichzeitig wirken wir mit am Schöpfungsprozess durch unseren Atem.

Jede Frau hat potenziellen Zugang zur Essenz dieser Erfahrung. Auch wenn das konkrete Erleben der Mutterschaft nicht Teil ihres Lebens ist, so existiert diese Verbindung in ihr, solange sie nicht völlig abgetrennt ist von ihrem instinktiven weiblichen Wissen und ihrer schöpferischen Kraft. Beispielsweise sind die Träume von Frauen, die Kinder geboren haben und jenen, die keine haben, unterschiedslos in ihrer Intensität und Gefühlsqualität, wenn es um Schwangerschaft, Geburt oder Stillen geht. Gleichermaßen fangen die Träume die Glückseligkeit ein, die mit dieser Erfahrung eines schöpferischen Prozesses verbunden ist. Die Träume spiegeln das innere Wissen, den Zugang zu dieser Energie, ganz gleich, ob sie in dieser Form gelebt ist oder nicht.

Eine Freundin, die keine Kinder hat und auch nie welche wünschte, für die Mutterschaft in diesem Leben schlichtweg keine Aufgabe ist, erzählte mir einmal während eines gemeinsamen Spaziergangs einen Traum, in dem sie ihr neugeborenes Kind stillte. Die Art und Weise, wie sie von dieser Traumerfahrung sprach, rührte mich tief und erinnerte mich sehr nah an meine eigenen Stillerlebnisse. Da war kein Unterschied in der Erfahrung und im Wissen! Dies konnte allerdings nur offensichtlich werden, weil sie eine Frau ist, die einen sehr direkten und offenen Zugang zu inneren Welten hat.

Die weiblichen Qualitäten leben

Auf unserem Pfad der Mühelosigkeit und Schönheit gehen wir nicht einen Weg, wir erklimmen auch nicht die Stufen einer Leiter, vielmehr wir tanzen!

Wir tanzen im Kreis der Liebe den Tanz der Spirale zurück in die Mitte, in die eigene Mitte, in die Mitte der Schöpfung.

Zu jedem Tanz gehören Musik, Rhythmus, Bewegung.

Die Musik zu diesem Tanz ist die Musik unserer Seele. Jede Seele hat ihr eigenes Lied.

Ich vergesse nie, wie ich einmal bei der Geburt eines Kindes diesen Gesang hörte. Es muss das Lied der Seele dieses Kindes gewesen sein. In dieser Musik schien alles enthalten zu sein, der Anfang und das Ende, der ganze Weg, in dieser Welt und jenseits davon, für dieses kleine Menschenkind. Die Intensität des Gesangs, des ganzen Augenblicks, war unbeschreiblich. Sie machte die Seele des neugeborenen Menschen in ihrer vollen Schönheit offenbar.

Jede Seele lässt ihr Lied erklingen, auch wenn diese Musik nur in seltenen ganz besonderen Momenten vernehmbar ist, und dies auch nicht für unsere äußeren Sinne, sondern für unser inneres Ohr, das die Klänge der inneren Welten wahrnimmt.

In diesen inneren Welten sind das Lied der Seele und der Tanz zu seiner Musik eins.

Der Rhythmus, zu dem die Frau tanzt, und der Rhythmus ihrer eigenen Bewegungen ist ihre weibliche Natur, ihre Verbindung zur Erde, ihre instinktive Kraft. Es ist der Rhythmus, in dem das Leben schwingt. Dieser Rhythmus ist so alt wie die Gezeiten der Meere, die Zyklen des Mondes und die Zyklen der Menstruation. Es ist ein Rhythmus, der das Weibliche im ganzen Universum verbindet, und gleichzeitig hat er eine individuelle Prägung in jeder Frau.

Was schließlich ist es, das die Bewegungen in diesem Tanz gestaltet? Sie gewinnen ihre Anmut, ihre Kraft und Leidenschaft, ihre Spannung und ihr Fließen aus den weiblichen Qualitäten, die in die Natur der Frau gelegt wurden. Dies sind die Göttinnen in uns, die wir auf unserem Pfad erwecken und zu leben beginnen.

Als verschiedene Aspekte aus der *einen* weiblichen Quelle existieren sie in der Tiefe des Seins einer jeden Frau. Individuell in jeder Frau ist der eine oder andere dieser Aspekte wach und wird vielleicht auch gelebt, während andere schlummern. Bis zu einem gewissen Punkt der Entwicklung ist es sehr schwer für eine Frau, scheinbar gegensätzliche Aspekte des Weiblichen in sich zu leben. Dies ist der Grund, warum eine Frau, auf der psychologischen oder archetypischen Ebene, meist einen ganz bestimmten Typ verkörpert. Unbewusst oder sogar bewusst identifiziert mit einem bestimmten Aspekt des Weiblichen, bedeutet es einen großen Schritt der Reife, diese Identifizierung gehen zu lassen, um die anderen Qualitäten des Weiblichen ebenso leben zu lassen und so zu der Ganzheit zu finden, die in uns angelegt ist. Es ist von großer Wichtigkeit, dass wir die verschiedenen, voneinander getrennten Aspekte des Weiblichen in uns wieder zusammenführen und als Ganzes *Ihr*, der göttlichen einen Quelle des Weiblichen, darbringen. Jede Frau tut das auf ihre individuelle Art, jeder Tanz ist einmalig, und in jedem Tanz formieren sich die Göttinnen auf eigene Weise. Niemals ergibt sich ein gleich-förmiges Bild. Doch immer ist es ein Mysterium, das sich entfaltet, in dem der Tanz einer geheimen Melodie und einer Choreographie aus den unsichtbaren Welten folgt.

Schauen wir uns die weiblichen Qualitäten an, die in einem Weg der Ganzheit vereint werden möchten, so ist es wichtig, uns eines zu vergegenwärtigen: Die Kraft, die uns in diese Reise zieht, ist die Liebe. Was uns drängt und ruft und nicht in Ruhe lässt, ist die Sehnsucht, die weibliche Seite der Liebe.

Empfänglich und verwundbar – die Kraft aus der Leere

Ein Symbol des Weiblichen ist das Gefäß, die offene Schale, die bereit ist, etwas in sich aufzunehmen. Hätte ein Gefäß nicht seinen inneren Hohlraum, so könnte es seine Funktion nicht erfüllen. Die Leere, die in seinem Innern entsteht, verleiht ihm seinen Sinn.
In einem alten chinesischen Text, im Tao Te King heißt es:

Dreißig Speichen umgeben eine Nabe:
Ebendort, wo nichts ist,
liegt des Rades Brauchbarkeit.
Man knetet Ton zurecht, sodass
ein Topf entsteht:
Ebendort, wo nichts ist,
liegt des Topfes Brauchbarkeit.
Man meißelt Tür und Fenster aus,
Sodass ein Haus entsteht:
Ebendort, wo nichts ist,
liegt des Hauses Brauchbarkeit.

Darum:
Das Seiende zeigt seinen Nutzen
Im Gebrauch erst durch das
Nichtseiende.
(Lao Tse, Tao Te King, 11)

Im Unterschied zur männlichen Form gebenden Kraft ist die Natur des Weiblichen empfangend. Die Leere allein kann nicht empfänglich sein, denn sie genügt sich selbst, das Nichts ist vollkommen. Entsteht die Leere jedoch im Raum, ist da etwas, das hält und umfasst und sich gleichzeitig völlig öffnet und leer ist, so ist es bereit zu empfangen. Nur die Erfahrung des Leerseins *innerhalb* des Raumes, der absoluten Durchlässigkeit *innerhalb* der Materie, ermöglicht der Frau die Erfahrung, dass Geist und Materie zusammenkommen.

Aus diesem Grund ist es wichtig, dass die Frau mit ihrer instinktiven Natur verbunden bleibt, wenn sie einen Weg der Meditation und der Entfaltung ihrer Bewusstseinskräfte geht. Ihre Verbindung zur Erde und zu den instinktiven Kräften bildet die Form des Gefäßes, innerhalb dessen sie ganz leer werden kann. Wie ein Korb geflochten aus den Fasern des Lebens birgt dieses Gefäß den leeren Raum, der bereit ist, gefüllt zu werden. Während der Mann auf seiner Suche seine instinktive Natur voranschreitend transformiert, wird die Frau leer inmitten dieser Natur, entleert von dem, was sie begrenzt, an einem Ort, wo sie schon immer war.

Verwundbarkeit

Doch was ist es, das Frauen daran hindert, ihre Empfänglichkeit als eine ihrer weiblichen Qualitäten ganz zu leben? Um leer zu werden, müssen wir zulassen, dass all das genommen werden kann, womit wir uns selbst begrenzen. Wir begrenzen uns dadurch, dass wir selbst Bedingungen stellen, eigene Wünsche und Vorstellungen haben, unsere Grenzen schützen und kontrollieren möchten, indem wir bestimmen, was gegeben und was genommen wird. Verzichten wir auf diese Kontrolle,

so legen wir unsere Verwundbarkeit frei. Um absolut empfänglich, bereit und offen zu sein für das, was gegeben werden kann, müssen wir zulassen, verletzlich zu sein. Die Nähe, die wir dann erleben, ist gleichzeitig unsere Verwundbarkeit. Je weiter der leere Raum in uns wird, umso mehr kann gegeben werden und umso verwundbarer werden wir.

Der Begriff der Verwundbarkeit mag schockieren. Was kann dies in unserem Zusammenhang bedeuten? Zunächst möchte jede und jeder von uns nicht verletzt und nicht verwundet werden. Um unser Leben und unsere Art zu erhalten, versorgt uns die menschliche instinktgegebene Natur mit entsprechenden Impulsen. Wir vermeiden Verletzung und Schmerz. Wir schützen unsere Nacktheit durch Kleidung, schützen uns durch Häuser, durch Kontrolle unseres Lebensraums und durch gewisse Verhaltensmuster. Wir müssen im Laufe unserer Entwicklung lernen, eine gewisse psychische Integrität aufzubauen, um nicht zum Opfer aller auf uns eindringenden Impulse zu werden. Wir weichen auf der Straße einem Fahrzeug aus, das uns zu überrollen droht, und wenn wir angegriffen werden, fliehen wir oder verteidigen wir uns. All diese elementaren Verhaltensmuster sind lebenswichtig. Doch wir wissen auch, dass zu viel Schutz zu übermäßigem Kontrollieren, zu extremer Selbstkontrolle führt, was letztlich unsere

Freiheit und unsere Erfahrungsmöglichkeiten erheblich einschränkt. Erfahrungen in dieser Welt sind mit Freude *und* mit Schmerz verbunden. Schmerz ist eine Reaktion auf Verletzung oder Trennung. Hin und wieder stoßen wir uns den Kopf, fallen wir auch mal auf die Nase oder müssen eine Trennung oder einen Verlust hinnehmen. Je nach Temperament und Vertrauen treten wir mehr oder weniger risikofreudig, mehr oder weniger zurückhaltend an das Leben heran. Wir sind gehalten, uns zu schützen, und gleichzeitig müssen wir eine gewisse Verwundbarkeit zulassen, zumindest in Kauf nehmen, um offen für die Welt und für das Leben zu bleiben. Wie in dem Märchen vom Riesen, der eine hohe Mauer um seinen Garten bauen lässt, sodass die Kinder ihn nicht mehr betreten und mit ihrem Lachen erfüllen können, würde, wenn wir nirgends eine Öffnung ließen, alle Freude aus unserem Leben weichen. Der Garten würde, wie im Märchen, auch im Frühjahr nicht wieder ergrünen und blühen.

Wir sehen, wie bedeutsam es ist, schon im alltäglichen Leben, in der äußeren Welt, Öffnung und Empfänglichkeit zuzulassen, die eine relative Verwundbarkeit einschließen. Relativ, weil sie eine Balance erfordert zwischen Freiheit und Sicherheit, zwischen Selbsterhaltung und Entwicklung. Doch wie verhält es sich mit einer inneren Welt, was

bedeuten Empfänglichkeit und Verwundbarkeit für unser Herz? Unser Herz ist von Natur aus verwundbar. Wir wissen, wenn wir lieben, wirklich lieben, dann nehmen wir den Schmerz in Kauf, denn er gehört zur Liebe ebenso wie Freude und Wonne. Nur ein Herz, das verwundbar ist, kann auch mutig sein, und beides sind seine Attribute. Bereit, mit ganzem Einsatz zu lieben, ist es offen für das, was außerhalb unserer Vorstellung, unserer Kontrolle und unserer persönlichen Grenzen liegt.

Die Verletzung des Weiblichen

Mit dem Potenzial der Empfänglichkeit zu leben gehört zum weiblichen Weg. Die Verwundbarkeit zulassen ist untrennbar verknüpft mit diesem Weg. Mag dies uns allen, Frauen und Männern, befremdlich erscheinen, und ist die Verwundbarkeit auch für jeden Weg von Bedeutung, so hat sie doch für Frauen noch eine besondere Brisanz. Vielen Frauen, die im 20. Jahrhundert geboren sind, mag ein Weg in Verwundbarkeit unvorstellbar erscheinen. Die Vorstellung ruft Abwehr hervor, vielleicht sogar Zorn und Wut, und sicherlich auch Angst. Umso wichtiger ist es, darüber zu sprechen. Wir haben den Zugang verloren zu der Kraft, die darin liegt, dass wir aufhören, uns zu schützen. Gleichzeitig tragen wir als tiefe

Sehnsucht in unseren Herzen das Verlangen nach einer Freiheit, die uns erlaubt, uns nicht mehr schützen zu müssen.

Diese Sehnsucht ist zugedeckt von einer anderen Wirklichkeit: Frauen in unserer wie auch in anderen Kulturen leben mit der kollektiven Erfahrung der Verletzung des Weiblichen, und dies seit vielen Jahrhunderten. Deshalb sind sie darauf konditioniert, sich zu schützen. Für viele Frauen kommen individuelle Erlebnisse der Verletzung hinzu. So sind Frauen gewöhnt an eine Haltung der gespannten Wachsamkeit, die wenig damit zu tun hat, offen und empfangsbereit zu sein, vielmehr damit, sich im richtigen Moment zu verschließen, um sich zu schützen.

Über das innerste Wesen der weiblichen Kreativität, die wie das Wasser weich *und* kräftig, empfänglich *und* dynamisch zugleich ist, hat sich ein Mantel gelegt wie eine zweite Haut, eine zweite Natur. Der Mantel soll schützen und gleichzeitig verbergen, was er bedeckt. Für viele Frauen ist diese zweite Natur zur ersten geworden.

Die Identifizierung mit dem Bedürfnis und dem Erfordernis, sich zu schützen, macht es Frauen schwer, offen und empfänglich zu sein und sich darin frei zu fühlen. Frauen beharren auf ihre Wachsamkeit, und in gewisser Hinsicht scheint sie auch notwendig zu sein. Was wir jedoch brauchen, was in uns entwickelt

werden will, ist die Fähigkeit zu unterscheiden. Selbstverständlich ist es wichtig, die Würde und Integrität unserer Person und unserer Weiblichkeit in dieser Welt zu bewahren. Empfänglichkeit ist kein passiver Zustand, und Verwundbarkeit bedeutet nicht, zum Fußabtreter für andere Menschen zu werden. Es liegt so nahe, dass wir dies verwechseln, und es ist immens wichtig, dass wir das nicht tun. Für das Herz vor der Liebe, für unser höchstes Selbst vor der Wahrheit, für die Seele vor Gott gelten andere Gesetzmäßigkeiten. Hier ist absolute Freiheit möglich, die eine absolute Verwundbarkeit erlaubt. Kontrolle und Schutz machen die Freiheit relativ und bauen Hindernisse auf. Wenn alles Gnade ist, wenn alles gegeben wird und wenn Frauen durch die Liebe zur Wahrheit gebracht werden, wie kann das geschehen, wie können wir empfangen, wenn wir uns schützen und verschließen?

Doch wie können wir unterscheiden lernen, wo es gut ist, uns für eine Erfahrung zu öffnen und wo es wichtig ist, für Grenzen zu sorgen, die uns schützen? Wir ahnen, dass es keine allgemein gültigen Kriterien geben kann, dass wir eine Orientierungshilfe in unserem Innern finden müssen, die uns für jede Lebenssituation und für jeden inneren Zustand neu den Weg weist. Unser Herz weiß es. Wenn wir unsicher sind, können wir unser Herz befragen. Wir müssen allerdings offen sein für die Antwort, die vielleicht ganz anders ausfällt als die Meinung unserer besten Freundin. Eine Hilfe ist auch, uns die Frage zu stellen: Lebe ich wirklich die, die ich bin? Lebe ich aus meiner inneren Natur heraus? Die Antwort wird uns unmissverständlich den Weg weisen. Ebenso hilfreich kann es sein, unsere Muster des Selbstschutzes und der Kontrolle zu beobachten und kennen zu lernen. Wie reagiere ich auf Liebe, wie, wenn mir etwas gegeben wird? Auf welche Weise verschließe ich mich, und wann setzen diese Mechanismen ein? Verschließe ich mich nur, wenn ich mich verletzt oder von Verletzung bedroht fühle, oder auch, wenn etwas in der Tiefe meines Seins berührt ist? Kann ich, wenn ich auf dieser Ebene erreicht wurde, empfänglich bleiben?

Glücklicherweise ist die Empfänglichkeit eine der natürlichsten Fähigkeiten des Weiblichen. Frauen sind Naturtalente, was die Vertrautheit mit der Leere und ihrer Dynamik betrifft. Wir müssen nichts lernen, um diese Fähigkeit zu nutzen, diese Qualität zu leben, die wir brauchen, um einen inneren Weg zu gehen. Vielmehr geht es darum, etwas zu *verlernen*, oder besser vielleicht, über das hinauszuwachsen, was uns im Weg steht: die tief eingeprägte Gewohnheit, uns zu schützen. Beginnt eine Frau jedoch, anstelle eines Kampfes gegen die Muster ihres

Selbstschutzes einfach zuzulassen, was ohnehin am stärksten in ihr ist, beginnt sie, ihre Sehnsucht nach dem Göttlichen zu leben und damit verwundbar zu werden, so ändert sich die Dynamik in der Kraft. Jene Kraft, die sie zuvor brauchte, um sich zu schützen, verwandelt sich in eine Stärke, die ihr ermöglicht, ihren Schmerz und ihre Verletzlichkeit zu tragen. Dann trägt sie die Verwundbarkeit der Liebe nicht im Leid oder Selbstmitleid, vielmehr mit einem Lächeln aus dem Herzen, das den Stolz der liebenden Seele reflektiert.

Sehnsucht

«Die Sehnsucht ist die weibliche Seite der Liebe.» Während die männliche Seite der Liebe ausruft: «Ich liebe dich! Ich komme zu dir!», tönt es von der weiblichen Seite der Liebe: «Ich warte auf dich. Ich sehne mich nach dir.» Für die Mystiker ist die Liebe die Essenz in der Beziehung zwischen der menschlichen Seele und Gott. Sehnsucht ist ein Aspekt der Liebe, wie wir ihn alle kennen. Doch was bedeutet es, wenn wir von «Gott» sprechen in diesem Zusammenhang? Bisher haben wir uns vor allem mit «dem Göttlichen» beschäftigt, das klingt unpersönlicher, offener als jener «Gott», den wir schnell mit gewissen Bildern, Geschichten, vielleicht sogar einer Art Person assoziieren. Zu schnell tauchen in uns Bilder eines patriarchalisch strengen christlichen Gottvaters auf, der alles sieht und uns für unsere Sünden straft, oder gar die kindliche Vorstellung jenes netten alten Mannes mit Bart, der gütig lächelnd auf einer Wolke schwebt. Nichts dergleichen ist gemeint, wenn wir hier von Gott sprechen. Was wir meinen, können wir gar nicht ausdrücken, definieren, erklären. Was sich hinter dieser Bezeichnung verbirgt, ist eigentlich namenlos, ist keine Eigenschaft, keine Person, ist weder männlich noch weiblich. Es ist das, von dem wir wissen – oder glauben –, dass es da ist, das wir jedoch weder beweisen noch definieren können, da es jenseits aller menschlichen Vorstellung ist. Je nach religiösem Hintergrund trägt dieses unfassbare Eine unterschiedliche Bezeichnungen. In der abendländischen christlichen Kultur nennen wir dieses Absolute Gott. Machen wir uns frei von jenen vorgefassten einengenden Bildern eines Gottes und spüren stattdessen in unser Herz, so können wir eine ganz ureigene Beziehung wahrnehmen zu Dem, das wir dann getrost auch Gott nennen können. Für mein Empfinden spricht es unser Herz, unsere Wahrnehmung und Erfahrung direkter an, wenn wir sagen, wir sehnen uns nach Gott, als wenn wir davon sprechen, dass wir uns nach dem Göttlichen oder dem Absoluten sehnen. Auch wenn Gott dann einen männlichen Artikel hat – in Anlehnung an die Auffassung der Mystiker,

dass die Seele weiblich ist vor Gott –, so ist Er natürlich weder weiblich noch männlich, sondern umfasst eine Ganzheit, die nur von unserem Herzen gespürt werden kann.

Kommen wir zurück zur Sehnsucht als weibliche Seite der Liebe. Frauen leben die Sehnsucht auf eigene Weise. Sie ist Teil ihrer Natur, auch Teil ihrer physischen Natur. Sehnsucht ist so natürlich, so selbstverständlich für die Frau, dass sie häufig gar nicht als solche wahrgenommen wird. Sie wird verwechselt mit Traurigkeit, Melancholie oder Passivität, missverstanden als Unzufriedenheit und Unerfülltheit im Leben. Doch Sehnsucht ist weibliches Sein, ist jene empfängliche Art und Weise, dem Leben zu begegnen, sei es in einer feurigen dynamischen Form oder auf eine stille wartende Art, oder in all den vielen individuellen Abstufungen und Nuancen, die das Leben hervorbringt.
Eine Frau kann mit den Ohren ihres Herzens hören, wie das Lied der Sehnsucht im eigenen Herzen eine gewaltige Resonanz findet im Ruf und im Gesang der ganzen Natur, der ganzen Erde. So ist die mystische Sehnsucht der Seele nach der Vereinigung mit Gott im Herzen der Frau auf besondere Weise mit der Erde verbunden, mit der Natur, wie sie ist, unmittelbar und direkt.
Die Sehnsucht nach dem Göttlichen spiegelt sich auch in unserer Sehn-

sucht nach Ganzheit und erscheint in Frauen häufig als eine Sehnsucht nach dem Leben. Es ist das Leben in seiner ursprünglichen Qualität, seiner Ganzheit und Vollständigkeit, das uns ruft. In dieser Ganzheit birgt es die Möglichkeit, das Göttliche zu erfahren. Deshalb ist die Sehnsucht ein untrüglicher Wegweiser, dem wir uns gänzlich anvertrauen können. Aber viele Frauen wissen nicht, dass sie ihrer Sehnsucht folgen dürfen. Doch haben wir die Sehnsucht einmal in unseren Herzen erkannt, so ist ein Feuer entfacht, das eine dynamische Kraft entfaltet und uns gleichzeitig hilft, offen und empfänglich zu bleiben. Entlang der Sehnsucht folgen wir dem Weg, der uns nach Hause führt.

Leidenschaft und die Qualität des Wartens

Sehnsucht hat eine sehr leidenschaftliche Seite, und Leidenschaft ist dynamisch. Doch wer Sehnsucht hat, muss warten können, muss den Zustand, nicht erfüllt zu sein, muss die Leere aushalten können. Warten in seinem Zustand von Nichtstun bringt uns dazu, eine Passivität zu leben, die vor allem von Hoffnung getragen wird. Warten ist eine weibliche Qualität.

Wer kennt es nicht, zu spüren, wie die Erde nach langer Trockenheit auf den ersten Regen wartet, wie wir dann draußen in der Natur ihr Seh-

nen und Dürsten mit jedem Atemzug förmlich schmecken können und gleichzeitig wissen: Sie wartet durstig und doch ergeben, denn sie kann die Zeit nicht abkürzen, bis der erste Tropfen fällt.

Alle Liebenden kennen die Intensität des Zustands, zu warten. Um warten zu können, um nicht aufzugeben, um durchzuhalten, um zu ertragen, braucht das Herz Leidenschaft. Es braucht die Intensität der Leidenschaft, um ausgerichtet zu bleiben auf die Liebe, und nur die Liebe. Doch gerade die Leidenschaft ist es, die das Warten so schwer macht.

Sie ist dynamisch, ist ungeduldig und fordernd, verzehrt sich in lodernden Flammen und verlangt nach Nahrung. Sie will etwas tun. Dagegen ruht das Warten in der Stille der Nacht und in der staubigen Hitze des Tages, unbeweglich, geduldig und leer. Es ist weit entfernt vom Tun, es hält die leere Schale bereit.

Im Herzen der Liebenden kann das eine nicht ohne das andere sein, das Warten nicht ohne die Leidenschaft, die Leidenschaft nicht ohne die Qualität des Wartens. Dennoch scheint es uns unmöglich, die Verbindung der beiden zu leben. Woran liegt das? Wie andere weibliche Qualitäten ist die natürliche Kunst des Wartens in unserer heutigen westlichen Kultur in Vergessenheit geraten oder wird gering geschätzt. Warten wird gleichgesetzt mit dumpfer Passivität. Ziele sollen erreicht werden, und wer etwas erreichen möchte, muss sich bemühen, sich beeilen und viel tun. Niemand scheint darauf zu hoffen, dass etwas gegeben werden kann. Unsere moderne westliche Konditionierung auf die Werte von Aktivität und Leistung macht es vielen Menschen schwer, sich zur Meditation zu setzen und «nichts zu tun». Doch was tut eine Katze, die vor einem Mauseloch wartet? Läuft sie herum und unternimmt alle erdenklichen Aktivitäten, um die Maus davon zu überzeugen, herauszukommen? Oder um die Zeit abzukürzen? Wer immer eine Katze beobachtet hat, weiß, mit welcher Grazie und Anmut sie in absolut gespannter Aufmerksamkeit vor einem Mauseloch ausharrt. Gleichzeitig ist etwas in ihr tief entspannt, weil sie weiß, dass der richtige Moment kommen wird, irgendwann.

Zuhören

In diesem entspannten Zustand der gespannten Aufmerksamkeit gibt es einen Sinn, der besonders geschärft ist: das Hören. Die rezeptive Fähigkeit zuzuhören ist eine weibliche Qualität. Wenn wir zuhören, verzichten wir auf eine eigene äußere Aktivität zugunsten dessen, was wir aufnehmen. Seit jeher haben Frauen geheilt, genährt und gelehrt durch Zuhören. Das Lauschen ist ein wichtiger Aspekt der erhaltenden passiven Seite des Weiblichen und gleich-

zeitig ein höchst dynamischer Ausdruck dessen, wie wir uns beziehen. Zuhören ist weit mehr als Anteilnahme und Empathie, es verlangt die Bereitschaft, uns mit der Quelle zu verbinden, aus der wir die Botschaft erlauschen und sie ganz in uns hineinzunehmen. Nur wenn wir sie in die Tiefe des inneren Grundes sinken lassen, bleibt ihre Wirkung nicht flüchtig und oberflächlich, sondern kann sich entfalten in einem neuen Prozess. Lauschen braucht den Zustand einer dynamischen Stille. Wir beziehen uns dann nicht auf die Aktivität des eigenen isolierten Tuns und der eigenen Gedanken, sondern gehen zu einem tieferen Ort, wo wir verbunden sind, wo nicht Gedanken, Urteile und selbstbezogene Gefühle die empfängliche fruchtbare Stille stören oder verhindern können. Inneres Lauschen verbindet Frauen mit den mannigfaltigen Beziehungen innerhalb des Kosmos, der ganzen Schöpfung. Wir haben, als wir von der Erde sprachen, gesehen, wie wir durch inneres Lauschen unsere Beziehung zur Erde lebendig werden lassen. Ob wir einem Menschen zuhören, nicht nur seinen Worten, sondern auch dem Wesen, das spricht, ob wir in die Stille der Nacht lauschen oder in den Gesang der Sterne, immer aktivieren wir durch die Zuwendung des Hörens eine Verbundenheit, die zwar natürlicherweise existiert, jedoch den Anschein der Getrenntheit hat, solange wir sie

durch unsere empfängliche Teilnahme nicht beleben.

Leidenschaft und Spiritualität

Wenn nun das Warten, die Geduld,
das Lauschen als passive und rezeptive Qualitäten ein vernachlässigter
Lebensausdruck in unserer Kultur
sind, so könnte man glauben, dass
eine mehr dynamische Qualität wie
die Leidenschaft in einer solchen
Welt mehr präsent ist. Leidenschaft
ist ein Aspekt der dynamischen, der
verändernden Seite des Weiblichen.
Wie gehen wir, wie gehen Frauen mit
Leidenschaft um? Hat sie einen Platz
in unserer Vorstellung von Meditation, von einem spirituellen Weg?
Befragen wir uns selbst, so wird die
ehrliche Antwort bei den meisten
von uns lauten: nein.

Das liegt zum Teil daran, dass wir
eine sehr begrenzte Auffassung von
Leidenschaft haben. Leidenschaft ist
nicht mehr Leidenschaft, wir haben
sie reduziert auf einen Aspekt körperlicher Begierde und assoziieren sie
kaum noch mit Liebe. Unsere Kultur
kennt sie nicht mehr als das Feuer
unseres Herzens, als ein Attribut für
die Liebe des Körpers *und* der Seele.
Die Leidenschaft wurde in den physischen Körper verbannt, als Körper
und Seele im Bewusstsein getrennt
wurden.

In der Welt der sinnlichen Instinkte
isoliert wirft die Leidenschaft von
dort ihre Schatten: Scham und Pein-
lichkeit ersticken nicht selten die
Flamme, wenn wir beginnen, ihre
Wärme im Herzen zu spüren. Leidenschaft und Spiritualität – das ist eine
Verbindung, die im Rahmen unserer
spirituellen Konditionierung nicht
erlaubt ist.

Als eine Freundin vor vielen Jahren
ihren Weg in einer Gruppe von
Frauen begann, hatte sie einen
Traum, in dem sie in einer Kirche
war und mit vielen Menschen betete.
Dann begann sie, jemanden leidenschaftlich zu küssen und zu lieben,
was ihr inmitten ihres Gebets sehr
natürlich vorkam.

Doch der Priester kam auf sie zu
und verwies sie aus der Kirche mit
den Worten: «So etwas tun wir
hier nicht.» Im Traum reagierte
sie verständnislos, protestierte
und verlangte ihr Eintrittsgeld
zurück.

Sie hatte damals begonnen zu ahnen,
dass etwas in ihr zusammengehören
könnte, was lange Zeit getrennt war.
Etwas in ihr fing an, bewusst zu
werden über die eigene innere Konditionierung hinaus, die durch den
Priester repräsentiert wurde. Ihr
Eintrittsgeld war der Preis, den sie
gezahlt hatte, um zu diesem Kollektiv
dazuzugehören. Im Traum gab es
keine Scham, vielmehr den starken
Impuls, etwas zurückzufordern, was
sie gezahlt hatte, um diese Kirche
betreten zu dürfen. Weil sie ahnte,
dass die Leidenschaft eine Kraft ist, die

ihr Gebet nährt, war sie nicht mehr bereit, sie aufzugeben und am Altar einer leblosen Spiritualität zu opfern. Den Kuss und die Liebe hat sie nicht wörtlich als einen Aspekt von Sexualität interpretiert, sondern betrachtete sie als Symbol ihrer Leidenschaft, die aufkeimte, um das Gebet ihres Herzens zu tragen.

Der Traum hatte die psychologischen Grenzen von Scham gesprengt und auf eine tiefere Ebene in ihr verwiesen.

Für viele Frauen jedoch ist es nicht nur Scham, die sie von wirklicher Leidenschaft trennt, sie fürchten sich auch vor ihrer Leidenschaft. Denn zu tief sitzt die Verletzung durch das Schwert, das in ihnen Erde und Himmel, Seele und Körper, Geist und Materie getrennt hat. Zu tief hat sich auch in Frauen der Glaube festgesetzt, dass was zum Körper gehört, nicht zur Seele gehören kann, zu weit sind Frauen von der Erfahrung getrennt, dass allem eine Ganzheit und Vollständigkeit innewohnt. Dennoch trägt jede Frau dieses Wissen in sich.

Beide, die Qualität des Wartens und die der Leidenschaft, verlangen danach, unsere Konditionierungen zu durchbrechen, um wieder ihre wahre und vollständige Bedeutung leben zu können. Nur wenn beide in ihrer vollständigen Qualität gelebt werden, nur dann sind die Gegensätze vereinbar. Geduld und Leidenschaft können sich dann vereinen zu jener Kraft des Herzens, die alle Liebenden brauchen.

Schauen wir uns um, so finden wir sicher Frauen, die leidenschaftlich sind, doch meistens wagen sie nicht, diese Qualität ganz und gar zu leben. Ebenso treffen wir auf Frauen, die in sich die weibliche Qualität des Wartens bewahrt haben, die sich daran erinnern können, dass die Wahrheit ohne Gnade nicht gefunden werden kann. Es sind Frauen, die durch ihr Sein und ihr Leben das göttliche Prinzip der Leere und Empfänglichkeit widerspiegeln und die auch geduldig warten können. Doch wenn sie nicht im gleichen Maße ihre Leidenschaft zulassen und leben, wird aus dem Feuer der Sehnsucht eine schwelende Glut. Dann wird das spirituelle Leben blass und blutleer, und das Warten wird öde und versandet irgendwo.

Leidenschaft ist ganz unabhängig vom Charakter und Temperament einer Frau als Potenzial in der Natur einer jeden Frau vorhanden. Leidenschaft ist nicht nur Dynamik, Leidenschaft ist auch Intensität. Ohne diese Intensität könnten Frauen nicht kreativ sein, nicht schwanger werden und gebären.

Die Vereinigung ihrer rezeptiven und ihrer dynamischen weiblichen Qualitäten ermöglichen der Frau auf ihrem inneren Weg, Gott in Seiner Schöpfung und in sich selbst zu erkennen.

Für lange Zeit haben wir diese beiden Seiten des Weiblichen nur getrennt erlebt. Die sanfte, aber mehr «blutleere» Variante sind die Frauen, die unsere christliche Kultur als Heilige verehrte, einschließlich der Jungfrau Maria, die als Projektion zwar die klare Reinheit des Weiblichen trägt, aber ihrer Leidenschaft und Intensität weitgehend beraubt wurde. Ihr Gegenpart ist, im christlichen Weltbild, die Sünderin oder Hure, die den Himmel weiblicher Reinheit niemals erreichen wird. Im alltäglichen Leben ist dies die «weibliche» Frau, die sinnlich ist und attraktiv. Vielleicht hat sie auch Kinder oder eine «mütterliche Ausstrahlung» und geht vertraut mit ihren instinktiven Kräften um. Sie ist uns zu menschlich, zu erdverbunden, zu wenig vergeistigt, um «heilig» sein zu können.

Welch eine Tragödie: Sie ist heilig in sich selbst, und doch traut sie sich vielleicht nicht zu, jemals die «spirituellen Höhen» zu erreichen, in denen jene körperlosen Frauen im Lichte der Erleuchtung zu schweben scheinen. Die wiederum hungern danach, endlich zu leben, weil sie irgendwo wissen, dass ihre Seele in diese Welt kam, um zu *leben*, dass wir Gott erkennen, indem wir leben. Jede Frau trägt als Potenzial *beide* Aspekte in sich, in gewisser Weise getrennt voneinander. Wir können beide Seiten in uns zusammen bringen und wieder zu einer Ganzheit führen. Nur durch diese Vereinigung entfalten wir unser ganzes spirituelles Potenzial.

Nichtwissen und die Vertrautheit mit dem Chaos

Warum eigentlich können Frauen warten? Woraus speist sich diese Fähigkeit, Dinge voranzubringen, in dem wir nichts tun, lauschen, empfänglich sind? Wie bei der Katze vor dem Mauseloch muss, irgendwo, eine Gewissheit vorhanden sein, welche die Kraft zur Verfügung stellt, warten zu können. Die Gewissheit ist unser Nichtwissen.

Dieses Paradox ist nur zu verstehen, wenn wir die Begrenztheit unseres rationalen Verstandes verlassen und uns innerlich an einen Ort begeben, wo wir auf eine andere Art und Weise «wissen». Die Gewissheit, die uns erlaubt, empfänglich zu sein und nichts zu tun, kann nicht aus der Sichtweise unseres Egos geboren werden, da hier nur ein kleiner durch uns selbst gefärbter Ausschnitt des Ganzen ausgeleuchtet wird. Es geht vielmehr um eine Gewissheit, die von der Ebene des Ego und des Verstandes aus gesehen ein Nichtwissen ist, da sie sich auf Bereiche bezieht, die für unseren Verstand unzugänglich bleiben.

Das Weibliche weiß intuitiv, dass alles schon ist, bevor es da ist, bevor es in der Welt der Dinge und Erscheinungen sichtbar und begreifbar ist. Vergleichbar mit einem Entwurf feiner Muster erscheint auf den inneren Ebenen eine Art Ordnung der Möglichkeiten, bevor die Dinge Gestalt annehmen. Weibliches Wissen bedeutet, um diese Wege der Schöpfung zu wissen. Ausgehend von einer Welt der Formlosigkeit bis in die letzte Form legen die Dinge einen Weg zurück, um sich dann wieder aufzulösen und zurückzukehren in die Formlosigkeit. Aus diesem Wissen heraus kann die Frau in das Wachstum und in die Entwicklung von unbekannten Formen vertrauen – und geschehen lassen.

Die Frau hegt in ihrem Herzen das Geheimnis der Schöpfung. So kennt etwas in ihr den Fluss des Lebens, wie er sich von den inneren Ebenen in die äußere Welt ergießt. Intuitiv weiß sie: Erscheint auch alles Geschaffene, alles auf den äußeren Ebenen des Lebens Sichtbare noch so vereinzelt und nur in Fragmenten, noch so gegensätzlich, unterschieden und isoliert voneinander, es gibt eine alles umschließende Ganzheit. Denn alles, was ist, kommt aus dieser Ganzheit. Für den rationalen Verstand, ohne Zuhilfenahme der Intuition, erscheint dieses Wissen als ein Nichtwissen. So brillant die Fähigkeit des Verstandes in der Analyse, im Unterscheiden und im Ausleuchten und Strukturieren der Einzelteile ist, so vollständig versagt er angesichts der

Ganzheit. Mit seinen «herkömmlichen» Mitteln kann er nur die Teile, nicht das Ganze wahrnehmen und erfassen. Nichtwissen ist für unseren Verstand beunruhigend, zuweilen bedrohlich. Nichtwissen wirft uns – aus der Perspektive der Dualität – in die Schlangengrube von formlosem Chaos. Aus der Sicht der Ganzheit jedoch ist Chaos ein schöpferischer Zustand. Das Weibliche fühlt sich zu Hause im Chaos, weil es um das schöpferische Potenzial weiß, das dem Chaos innewohnt.

Dies mag manche Frau an konkrete Erfahrungen in ihrer Arbeitswelt erinnern, sei es beruflich in öffentlichen Institutionen oder zu Hause im «Management» ihrer Familien und in ihren privaten Lebenszusammenhängen. Eine Frau aus unserer Meditationsgruppe, die beruflich bei einer Behörde angestellt ist, um dort Kunstausstellungen zu organisieren, machte sich vor einiger Zeit Sorgen um ihre offensichtlich unangepasste Arbeitsweise. Sie hatte sich vergeblich um ein an Hierarchie und Struktur angelehntes Vorgehen in der Planung und Durchführung ihrer Projekte bemüht, angepasst an die Art, wie ihre fast ausnehmend männlichen Kollegen arbeiteten. Fast immer waren die von ihr organisierten Ausstellungen am Ende sehr erfolgreich, ihre Vorbereitungszeit jedoch durchlief immer Phasen des nahezu vollständigen Chaos. In diesem Zustand konnte niemand, eingeschlossen sie selbst, daran glauben, dass am Ende noch irgendetwas dabei herauskommen könnte. Doch in nahezu allen Fällen lösten sich Unordnung und Chaos am Ende auf in einem klaren Ergebnis von bester Qualität. Dennoch fragte sich diese Frau, ob etwas mit ihr nicht stimme, ob sie nicht gut genug sei für diesen Job. Bis sie nach einem diesbezüglichen Traum und einem darauf folgenden Gespräch in der Gruppe, das sich um weibliches Arbeiten und die Kreativität des Chaos drehte, plötzlich erkannte, dass sie nur so arbeiten konnte und dass es überdies einen Zusammenhang gab zwischen ihrer Arbeitsweise und den guten Ergebnissen.

Chaos und Ordnung

Es scheint eine mit unserem rationalen Verstand nicht erklärbare Gesetzmäßigkeit im Zusammenwirken von Chaos und Ordnung zu geben. Wir kennen die volkstümliche Regel, dass die Premiere eines Theaterstücks dann exzellent sein wird, wenn die Generalprobe verheerend ausgegangen ist, also mehr vom Prinzip des Chaos beherrscht wurde. Wird diese Vorphase des Chaos aber übersprungen, das heißt, die Probe verläuft ordentlich und nach Plan, so fehlt etwas im Ergebnis: Die Erstaufführung wird mehr oder weniger im Chaos versinken. Es scheint wichtig zu sein, dass wir Raum lassen, damit

etwas wachsen kann, damit alle Möglichkeiten, die wir selbst in unseren Plänen gar nicht berücksichtigen können, ausgeschöpft werden. Wo wir unsere ordnende Rigidität zurückhalten oder durch Ereignisse daran gehindert werden, zu sehr einzugreifen, kann eine Art höhere Ordnung zur Wirkung kommen und zusammen mit unserer aufmerksamen Unterstützung wirklich Neues schaffen.

Jeder zu eng gefasste Plan, jede von vorneherein festgesetzte Ordnung begrenzt die Freiheit, beschränkt die Vielfalt. Das Chaos befreit von diesen Beschränkungen und macht es möglich, dass eine Ordnung, eine tiefere Gesetzmäßigkeit wirken kann, die jedem Chaos unsichtbar zugrunde liegt. So umfasst das Chaos immer den Keim des Unerwarteten, des noch nie zuvor Gedachten, des Unvorhersehbaren einer neuen Enthüllung. Sein Zuhause ist der Moment, und dieser Moment existiert an der Schwelle zwischen Ungeschaffenem und Geschaffenem.

Das verborgene Netz

Das Weibliche ist zu Hause in diesem Grenzland. Es kennt die geheimen Pfade über die Pässe, die Fährten und Flüsse über die Grenzen der verschiedenen Welten. Daher besitzen Frauen eine instinktive Vertrautheit mit dem Chaos. Der unbeschwerte Umgang mit dem Chaos unterstützt und nährt ihre Kreativität, wenn sie mit dieser weiblichen Qualität als Teil ihrer instinktiven Natur verbunden sind. Ist eine Frau imstande, das Nichtwissen zuzulassen, entgegen aller Konditionierung, die den Verstand über die Intuition, das Teil über das Ganze stellt, so öffnet sie damit die Tore ihres Bewusstseins für weibliche Weisheit.

Das Nichtwissen zuzulassen schließt dann keineswegs aus, die Funktionen des Egos und die Unterscheidungsfähigkeit und Urteilskraft des Verstandes zu nutzen. Vielmehr gründet es sich auf das Vertrauen in das «Größere», Absolute, Allumfassende. Das Ego und der Verstand ermöglichen uns das Leben in dieser Welt, doch sind sie im Zustand dieses «Nichtwissens» in den Dienst des Höheren gestellt.

Mit ihrer Hilfe werden die einzelnen Teile, die verschiedenen Aspekte, ihre Unterschiedlichkeit wahrgenommen, doch die weibliche Seite im Menschen setzt sie in Beziehung zueinander, da sie dahinter die Ganzheit wahrnimmt.

Das Weibliche, dem die Isolierung der Einzelteile widerstrebt, sucht immer nach der Beziehung, nach der Verbindung der einzelnen Teile innerhalb der Ganzheit. Die Frau verkörpert dieses Wissen um die Bezogenheit und Verbundenheit innerhalb des Ganzen. Was sie lebt in dieser Welt, lebt sie über ihre Beziehung zur Schöpfung, was sie bewegt,

geschieht über ihr Verbundensein mit den Geschöpfen. Denn alles, was geschaffen ist, ist auf wunderbare Weise miteinander verknüpft und verwoben, und die Weberin ist die göttliche Schöpfungskraft selbst, der weibliche Aspekt Gottes.

Als instinktives Wissen ist dieser weibliche Aspekt Gottes in der Frau manifestiert, und es ist dieses Wissen, aus dem die Frau die Fähigkeit bezieht, ihr Leben zu gestalten. Dieses Leben, die Kunst, es auch unter schwierigen Umständen nicht nur zu erhalten, sondern flexibel und kreativ auf Veränderungen zu reagieren, wird getragen von weiblicher Kraft. Frauen improvisieren aus dem Chaos heraus. Menschen, die Kriege, Zeiten kollektiver Not oder Fluchtsituationen erlebt haben, wissen sehr viel zu berichten über diese außerordentliche Fähigkeit von Frauen, unter Umgehung hierarchischer Strukturen auf der Basis von Bezogenheit konstruktiv zu reagieren. Die Umgangsweise mit dem Chaos, das auf einer äußeren Ebene existiert, spiegelt die weibliche Fähigkeit, mit dem Chaos aus dem Innern umzugehen. Dies geschieht durch die Akzeptanz des Nichtwissens, dann die Empfänglichkeit und Bereitschaft, zuzuhören und schließlich zum richtigen Zeitpunkt, am richtigen Ort zu reagieren, indem das Netzwerk der Beziehungen aller Aspekte und Teile untereinander erfasst wird.

Eine Freundin erzählte mir kürzlich diese kleine Begebenheit, die all diese weiblichen Aspekte in sich vereint: *«Wir wollten einen Garten anlegen für die neue Schule unserer Kinder. Die Erde war noch völlig unbearbeitet, und wir hatten keine Ahnung von der Sache. Schließlich setzten wir uns mit einigen Frauen zusammen, auf dieses Stück Erde und schwiegen einfach eine Weile. Wir warteten. Das Wissen, das jede einzelne Frau mitbrachte, war auf eine stille Weise in diesem Kreis präsent. Dann versuchten wir, uns im Kontakt mit der Erde zu fühlen, zu spüren, was für dieses Stück Erde stimmt, was sie braucht. Nach einer Weile war mit einem Mal alles da: Ein vollständiges Bild fügte sich zusammen, und wir wussten, wie wir diesen Garten gestalten sollten. Die Ideen der einzelnen Frauen erschienen zum gleichen Zeitpunkt, fügten sich organisch aneinander und flossen zusammen zu einem harmonischen Gesamtbild.»*

Weil die Frauen ihre Ahnungslosigkeit und ihr Nichtwissen zulassen, weil sie einen Strom von Wissen untereinander und verbunden mit der Erde fließen lassen konnten wie ein unterirdisches Bezugssystem, das nicht hierarchisch, sondern organisch strukturiert ist, und weil sie warten und vertrauen konnten, waren sie kraftvoll und kreativ, «ohne zu tun». In diesem Beispiel führt die anfänglich scheinbare Ungeordnetheit des Nichtwissens und des Chaos zu einer Ordnung der Schönheit und zu Harmonie dadurch, dass das Chaos nicht bekämpft, sondern als wesentliche Zutat genutzt und mit einbezogen wird.

Wie jede Qualität in dieser Welt hat auch diese weibliche Qualität ihre Schattenseite. Sie wird beispielsweise dann sichtbar und wirksam, wenn die Energie, die durch dieses weibliche Bezugssystem fließt, nicht fokussiert ist. Die endlos langen Gespräche zwischen Frauen, die ursprünglich mit dem Zweck begannen, einfach eine klare Information auszutauschen, erzählen Geschichten davon. Nur zu leicht kann es geschehen, dass das Wesentliche verwässert wird und sich in den mäanderartigen Armen des Beziehungsflusses verliert. Beginnt eine Frau jedoch ihre Vertrautheit mit dem Chaos und ihre Beziehungsfähigkeit, ihre Nähe zum Nichtwissen und ihr Wissen um Ganzheit *bewusst* zu leben, wird ihre Leichtigkeit im Umgang mit allem, was sich aufeinander bezieht, in höchster Weise kreativ. Dann nutzt sie ihre Beziehungsfähigkeit für größere Klarheit und Erkenntnis und kann so letztlich dem Ganzen dienen.

Humor

Das Bewusstsein der Ganzheit, in das alltägliche Leben integriert, gibt dem Leben seine Freude zurück, die es im Zustand der Trennung und Isolierung verloren hat. Das Leben singt, wenn wir es in dem Bewusstsein leben, dass alles mit allem verbunden ist. Das Leben ändert sich dadurch nicht. Das Leben ist, wie es ist, mit all seinen wunderbaren und seinen schrecklichen Seiten und all den Nuancen dazwischen. Doch unsere Haltung zum Leben ändert sich durch dieses Bewusstsein. Die Dinge, die wichtig erschienen, wiegen weniger schwer, wir selbst und das Leben werden «relativer». (In seinem Wortstamm bedeutet relativ: bezogen.)

Diese Relativität schafft Platz für Humor, eine Qualität, die essenziell notwendig ist auf jedem wahren spirituellen Pfad. Ohne Humor wären wir rettungslos verloren auf einem Weg der Freiheit, der keine Sicherheiten bietet und uns jeden Augenblick das Unerwartete bescheren kann. Der Sinn für Humor macht es möglich, dass wir über das Leben und vor allem über uns selbst lachen können und dass wir jenes größere Lachen wahrnehmen, das durch die ganze Schöpfung tönt und die gesamte Atmosphäre erfüllt.

Beziehen wir nun all die erwähnten weiblichen Qualitäten auf einen Weg der Meditation, so werden mit Sicherheit einige unserer Bilder über das, was Meditation ist, ziemlich verrückt.

Wie verbindet sich das Bild des asketischen oder klösterlich abgeschiedenen Meditierenden, ob Mönch oder

Nonne, Yogi oder Yogini, aufrichtig, diszipliniert, wissend und vergeistigt mit Qualitäten wie Leidenschaft, Empfänglichkeit, Nichtwissen und Humor? Wie verbindet sich mit dem, was wir glauben oder gelernt haben, was Meditation sei, die Feststellung, dass für Frauen alles, auch der Körper mit einbezogen wird? Dass für die Frau jede spirituelle Erfahrung in gewisser Weise eine physische und jede physische Erfahrung eine spirituelle ist? Lassen sich diese verschiedenen Sichtweisen überhaupt verbinden, oder sind sie unvereinbar? Sie sind es und sind es nicht. Wo sich etwas verbindet, können wir nur erfahren, wenn wir es *leben*.

Erinnern wir uns, dass Frauen ihren Weg zu Gott nicht gehen. Sie tanzen. Erinnern wir uns an dieses Bild, wie die Frau eine Spirale tanzt, wie ihre Bewegungen und Schritte geformt werden von ihren weiblichen Qualitäten. Die Art und Weise, wie jede Frau diese Qualitäten einbringt, macht die Einzigartigkeit und die Schönheit ihres Tanzes aus, ihres ureigenen Weges in die Mitte der Einheit.

Was immer Meditation zu einem bestimmten Zeitpunkt unseres Weges bedeutet, sei es eine Übung der Achtsamkeit, eine Zeit der Stille, der Sammlung, Besinnung oder Erinnerung, ein Zustand des Ausgerichtetseins auf den Einen, des erweiterten Bewusstseins, des Versinkens im Nichts oder des Erfülltseins im

Leben, sie entfaltet ihre Kraft für Frauen auf dem Boden dieser weiblichen Qualitäten. Leidenschaft stört nicht, sie nährt die Meditation. Humor entkrampft sie, und Mühelosigkeit beflügelt sie.

Es gibt ein wunderbares Gedicht von einem der größten bekannten Sufi-Poeten. Es ist zwar männlich «besetzt» und erscheint deshalb, äußerlich gesehen, als unpassend in diesem weiblichen Zusammenhang. Doch atmen beide, der Dichter Hafiz und sein spiritueller Pfad, diese unbegrenzte Freiheit der Seele, die uns erheben kann über alle Beschränktheit von Konzepten und Unterscheidungen, letztlich eben auch der zwischen männlich und weiblich. In diesem Gedicht löst sich alles, was uns behindert, auf in einem großen Lachen.

Gott
und ich sind
wie zwei fette Leute
geworden,
die in einem
kleinen Boot leben.
Ständig stoßen wir
gegeneinander und

Lachen

Das Leben

als Meditation – den Tanz feiern

Was geschieht, wenn du eines Tages entdeckst, dass du tanzt?

Denn dein Leben ist ein Tanz. Du bewegst dich durch das Leben in den Spiralen der Schöpfung, nach der Musik deiner Seele, dem Rhythmus deiner Natur. Du tanzt die Geheimnisse der Schöpfung, die weiblichen Mysterien auf deine individuelle Weise. Du singst dazu das Lied der Sehnsucht, singst vom Kummer der Trennung und vom Glück der Vereinigung. Kräftig stampfst du das Lied der Erde und leicht schwebst du durch den Raum mit den Zyklen der Sterne. Mühelos bewegst du dich durch die Zeiten, um dann in der Stille eines Traums innezuhalten. Jeder Tanz ist eine neue Erfahrung der Wahrheit, die du mitnimmst zur Quelle in das endlose Zentrum der Spirale.

Die gesamte Schöpfung ist ein Tanz der Liebe. Die Reise der Seele ist eine Reflexion dieser Liebe und gleichzeitig Teil dieser einen Liebe. Wir müssen diese Liebe leben, in all ihren Facetten, in ihrer ganzen Menschlichkeit und in ihrer Reinheit. Wir leben sie gebrochen und leben sie ungebrochen, wir erfahren sie in ihrer Tiefe, sodass sie unser ganzes Sein erschüttert, und wir vermissen sie, hungern danach, verzehren uns in Sehnsucht. Wir leben sie in ihrer nüchternen Alltäglichkeit und im Glanz der ganz kleinen gewöhnlichen Ereignisse des Alltags. Wir kommen voran, und wir fallen zurück, wir haben erhebende glückselige Momente der Erfüllung, und wir erleben die verstörenden und unangenehmen Augenblicke des Versagens.

Ja, wir versagen, immer wieder. Das ist ein Zeichen, dass wir leben! Und es ist noch mehr ein Zeichen dafür, dass wir auf dem Weg sind, wenn wir uns unser Versagen bewusst machen, es mutig anschauen und annehmen können. Diese Erfahrung bringt uns die Haltung der Demut.

Wir lernen. Wir lernen nur, indem wir leben. Wir riskieren viel, wenn wir beginnen zu leben. Und wir haben gute Techniken entwickelt, wie wir das Leben vermeiden können. Nicht nur Tagträume oder der Rückzug in virtuelle Welten, auch die Meditation kann unter gewissen Umständen eine Strategie zur Vermeidung des Lebens sein. Jemand, der sich in eine selbst errichtete abgeschiedene Welt seiner Meditationen und spirituellen Übungen zurückzieht, wohl behütet und geschützt vor dem Auf und Ab des Lebens, mag möglicherweise ebenso wenig das Leben riskieren wie jemand, der versucht, das Leben aus zweiter Hand durch Seifenopern im Fernsehen zu konsumieren. Auch unser Zögern, uns tiefer und dauerhafter auf eine Liebesbeziehung einzulassen, kann neben vielen anderen Gründen seine Ursache in unserer Tendenz haben, den Herausforderungen des Lebens auszuweichen. Die Mode der so genannten Selbstverwirklichung mit ihrem überbordenden Markt an Workshops, Abenteuern auf Zeit und «Wie werde ich – Angeboten» (… schön, schlank, reich, erfolgreich, erleuchtet …) ist eine andere Art, das Leben zu vermeiden, wenn auch der äußere Anschein das Gegenteil suggeriert. Trauen wir uns jedoch, dem Leben so zu begegnen, wie es ist, dann sind die Risiken kaum kalkulierbar, die Fülle, mit der es antwortet, aber unermesslich. Das bedeutet auch, dass die äußere Abgeschiedenheit für einige Menschen genau die richtige Lebensform ist. Denn das Leben ist vielfältig, hält unzählige Varianten für uns bereit.

Wenn Meditation im weitesten Sinne betrachtet eine Rückbesinnung auf Gott ist, auf die Liebe als Essenz von allem, so ist unser ganzes Leben eine Meditation. Denn nur, indem wir leben, können wir Gott erkennen. Durch unsere individuellen Erfahrungen enthüllen wir das Göttliche auf eine einzigartige Weise. Für den weiblichen Weg hat das «Leben als Meditation» eine besondere Bedeutung. Frauen haben ihren eigenen Zugang zum Leben. Frauen sind die Hüterinnen des Lebens und öffnen die Pforten für das Leben. Frauen haben den Schlüssel zum Leben. Sie verkörpern das Wissen und die Fähigkeiten darüber, wie es geschieht, dass etwas lebendig wird.

Lebendigwerden ist ein Geheimnis, dessen magische Codeworte im Weiblichen verankert sind. Solange Frauen diesen Schlüssel zwar besitzen, aber nicht nutzen, wird das volle Potenzial nicht genutzt.

Hier beginnt unsere Perspektive, das gesamte Leben als eine Meditation zu betrachten. Dies geschieht dadurch, dass wir die Essenz der Meditation mitten hineinnehmen ins Leben.

Göttliche Präsenz im Alltag

«Die Erde ist erfüllt vom Himmel und
In jedem Busch brennt Gottes Gegenwart.
Doch nur wer sieht, zieht seine Schuhe aus!
Die andern sitzen da und pflücken
Brombeeren ...»

Aurora Leigh, VII, 821 ff.

Das Leben als Meditation zu betrachten klingt einfach. Keine komplizierten Techniken, keine Übungen, die erst nach Jahrzehnten beginnen, Früchte zu tragen, keine Gymnastik des Geistes und womöglich auch des Körpers, keine Entsagung dem Leben gegenüber. Einfach das leben, was das eigene Leben ausmacht. Ja, es ist so einfach. Doch wir alle wissen, es ist keineswegs leicht.

Einfach leben

Wie viele Frauen in der westlichen Welt des einundzwanzigsten Jahrhunderts wissen noch, wie wir einfach leben, wie wir das Leben zu uns einladen und uns auf natürliche Weise mit ihm verbinden? Was ein *weibliches* Leben betrifft, so sind wir noch mehr irritiert. Hier befinden wir uns in einem Zustand der Orientierungslosigkeit nach einer Zeit der kollektiven Verwirrung darüber, was nun weiblich, was männlich ist und ob nicht viel besser alle Unterschiede verwischt werden müssten.
Wir leben in einer Zeit, in der Frauen

versuchen, aus Büchern zu lernen, wie sie ihre Kinder gebären. Wir leben mit Ratgebern zu Themen, wie und ob und wie lange Frauen stillen sollten, weil Frauen vergessen haben, dass Stillen eine dynamische Liebesbeziehung zwischen Mutter und Kind ist. Ohne ein Bewusstsein darüber, dass sich diese Beziehung aus unseren natürlichen weiblichen Instinktkräften speist und dass sie gleichzeitig absolut individuell und einzigartig ist, stehen Frauen ohnmächtig und unsicher vor einem der größten Wunder, das sich in ihrem Leben entfaltet. Das Wissen, die Intuition und die innige Verbindung zum Kind sind vorhanden genauso wie die Milch in der Brust, und dennoch suchen Frauen *außen*, nicht innen, nach so etwas wie generellen Richtlinien.
Zweifelsohne ist es eine große Entwicklung für das Weibliche und für die Menschheit, dass Frauen sich im Verlauf des letzten Jahrhunderts ihrer selbst bewusster wurden und dass ihr Leben wesentlich mehr äußere Freiheit erlangt hat. Doch dieser Prozess

brachte neben allen segensreichen Früchten auch eine Verarmung des Weiblichen mit sich. Frauen haben begonnen, selbst ihre natürlichen weiblichen Fähigkeiten abzulehnen, weil sie in einer patriarchalischen Gesellschaft verachtet werden. Die Folge ist eine weit verbreitete Unsicherheit in dem, was «weiblich» zu leben bedeutet. Der Verlust unserer Wertschätzung für die natürlichen physischen, psychischen und spirituellen Kräfte einer Frau führt nicht selten zu einem konfliktreichen und komplizierten Leben. Ihre Weiblichkeit wieder in Würde und Stolz zu leben ist für viele Frauen ein scheinbar unerreichbares Ziel geworden. Noch komplizierter wird es, wenn eine Frau auch noch ein spirituelles Leben führen möchte. Die eigene Geringschätzung des Weiblichen geht nur zu leicht ein Bündnis mit den körperfeindlichen und lebensverneinenden Vorstellungen von Spiritualität ein.

Doch was ist ein spirituelles Leben? Leben wir die Präsenz Gottes in unserem Alltag nicht dadurch, dass wir ein *einfaches* Leben führen, nicht unbedingt in der äußeren Form, sondern in der inneren Haltung?

Hingabe – was immer zu tun ist, in Liebe tun

Einfach leben, das heißt in Gott leben. Es beginnt damit, dass wir das tun, was direkt vor unseren Füßen liegt. Wenn wir uns bei unserem alltäglichen Tun an die eine Liebe erinnern, so wird das Göttliche in unserem Alltag präsent. Was immer getan werden muss, wir tun es in Liebe, und so wird eine jede Arbeit ebenso wie eine Ruhepause mit einer Tasse Tee zur Meditation.

Das ist sehr leicht gesagt und vielleicht zunächst schwierig umzusetzen. Doch wir müssen einfach nur irgendwo beginnen. Und wir tun nichts anderes als das, was wir ohnehin zu tun haben. Wir werden bemerken, dass alles nach kurzer Zeit an Leichtigkeit und Qualität gewinnt.

Beginne mit einer alltäglichen Aufgabe,

die du regelmäßig zu tun hast. Für den Anfang eignet sich eine
Tätigkeit, die zur ersten Tageshälfte gehört. Am Morgen und am
späteren Vormittag bis zum Mittag ist der Geist noch frisch und
wacher als in den späteren Stunden des Tages.

Nimm dir vor, dass du von nun an diese einfache alltägliche Aufgabe mit
Aufmerksamkeit und Liebe tun wirst, nicht nur einmal, sondern täglich,
immer wieder, sooft du dich daran erinnerst. Stelle dieser Alltagsaufgabe
durch deine Aufmerksamkeit und Bewusstheit einen besonderen Platz
zur Verfügung, still, in deinem Herzen, ohne ihr *äußerlich* mehr Raum zu
geben als üblich.

Wähle zu Beginn keine Tätigkeit, die für dich mit viel Widerstand
verbunden ist, suche vielmehr etwas aus, das du recht gern tust oder was
keine zu großen Anforderungen an dich stellt. Falls du beispielsweise
täglich zum Mittag ein kleines Essen zubereitest, so ist dies
eine gute Möglichkeit für diese Übung:

→ Stimme dich zuerst auf das ein, was du tust. Was immer du zuvor
  gemacht hast, lass eine kleine Pause von fünf oder zehn Minuten
  zu, bevor du damit beginnst, die Mahlzeit vorzubereiten. Setze dich
  für diese Ruhepause hin oder, falls du zuvor schon viel gesessen
  hast, mache einen kleinen Spaziergang.

Erinnere dich an unsere einfache Besinnung auf den Atem. Atme ein
und atme aus, ganz natürlich, und sei mit der Aufmerksamkeit bei
deinem Atem. Entspanne dich dabei und lasse auch zu, dass sich deine
Gedanken entkrampfen. Falls deine Situation diese kleine Ruhepause
zur Einstimmung nicht zulässt, weil du vielleicht kleine Kinder hast
oder es aus einem anderen Grund nicht möglich ist, so ist es gut, dir
eine andere Tätigkeit zu einer anderen Tageszeit zu suchen oder aber
auf diese Ruheminuten zu verzichten und gleich hineinzuspringen.

Gehen wir nun zurück zu unserem Beispiel, das du variieren kannst:

→ Du bereitest am Mittag eine Mahlzeit zu. Du hattest zuvor eine
  ganz kurze Ruhepause und bist mit deinem Atem verbunden. Deine
  Gedanken haben sich entspannt, und jetzt widmest du dich ganz
  den Nahrungsmitteln, die du zubereitest. Den Tomaten, die du
  schneidest, oder der Suppe, die du rührst, gibst du deine ganze
  Aufmerksamkeit und Zuwendung.

Wir sind gewohnt, aus Lustlosigkeit oder «weil es schnell gehen muss», Dinge zu tun, wobei unsere Gedanken auf etwas ganz anderes konzentriert sind als unsere Hände, und meistens ist uns diese Unachtsamkeit nicht einmal bewusst. Wenn deine Gedanken jedoch mehr ruhen, und zwar bei dem, was du mit deinen Händen tust, und wenn du mit deinem Herzen dabei bist und die Liebe spüren kannst, so kochst du auch in Liebe. Das ist eine Meditation, mitten im Leben.

→ Nebenbei hat sie den erstaunlichen Effekt, dass dein Essen nicht nur bekömmlicher ist als eine Mahlzeit, die unachtsam zubereitet wurde, sondern auch tatsächlich viel besser schmeckt. Wir schmecken die Liebe, die zugegen war, während das Essen zubereitet wurde.

→ In diese Alltagsmeditation ist alles, was zu dir gehört, mit einbezogen: dein Körper, deine Sinne, dein Geist und dein Herz. Deine Stille und deine Leidenschaft, deine Kreativität und deine Liebe, und sogar dein Hunger!

Das Gewürz, das nirgends anders in der Welt zu finden ist als im Herzen eines Menschen, hat diese Mahlzeit so kostbar gemacht. Das ist das einfache Geheimnis, wie wir den Himmel auf die Erde bringen: Indem wir unser Leben in dieser Welt mit der Substanz der Liebe würzen, jener fernen, exotischen Substanz, die aus einer anderen Welt kommt und doch hier zu Hause ist.

Das Gewöhnliche und das Heilige

Wir neigen dazu, unser Leben aufzuspalten in diese Erfahrungen und jene Erfahrungen, in die guten und schlechten, die angenehmen und unangenehmen. Wir unterscheiden auch zwischen spirituellen und unspirituellen Lebensbereichen, zwischen dem Heiligen und dem Gewöhnlichen, dem Geistigen und dem Irdischen.

Die Sehnsucht nach dem Heiligen ist in der menschlichen Natur tief verankert. Wir haben jedoch seit langem aufgehört, das Heilige inmitten unseres Lebens zu suchen. Vielmehr hat die männlich dominierte Spiritualität ein Konzept entworfen und gelebt, in dem alles, was heilig ist, aus dem Leben herausverlagert ist. So haben wir in unserer Vorstellung nur die eine Wahl: Entweder wir leben zwei Leben, ein alltägliches und ein spirituelles, und bleiben so hoffnungslos gespalten, oder wir entfernen uns aus dem alltäglichen Leben, ziehen uns zurück in ein Kloster, in eine spirituelle Gemeinschaft oder in eine Höhle, vielleicht auch auf den Gipfel eines Berges, um dort allein zu meditieren. Statt uns auf die Abgründe von Partnerschaftsbeziehungen einzulassen, so glauben wir dann, sollten wir auf seidenen Kissen sitzen und schweigen. Vielleicht wäre es besser, Gebete und Mantras zu wiederholen, statt Kinder zu wickeln oder ins Büro zu gehen. Doch da ist noch das Leben, das uns in seinen Bann zieht.

«Normales» und «spirituelles» Leben

Wenn wir dann die spirituellen Bemühungen nicht ganz aufgeben, weil wir glauben, nicht «gut genug» für ein spirituelles Leben zu sein, versuchen wir, beides zu leben, getrennt in «normale» und «spirituelle» Bereiche. Wir leben unser ganz normales Leben, mit allen Höhen und Tiefen, und besuchen in mehr oder weniger regelmäßigen Abständen unsere Meditationsgruppe, gehen zu einer Stätte des Gebets oder nehmen an Workshops oder Vorträgen teil. Dort ist es leichter, das Heilige zu leben, zu Hause und auf der Arbeit gerät man ohnehin wieder in den Strudel des Alltags. Doch selbst dort haben sich manche eine Oase geschaffen. Wenn genug Platz im Hause ist, gibt es ein «Stille-Zimmer» oder wenigstens eine Meditationsecke, und in allen anderen Ecken und Zimmern, säuberlich getrennt, tobt das Leben. Das Gewöhnliche und das Heilige sind auseinander gerissen durch einen tiefen Graben, der sich sogar durch unsere Wohnungen zieht und durch unsere Beziehungen. Wieder und wieder müssen wir diesen Graben überwinden, um zu der scheinbar anderen Seite zu gelangen. Das ist mühsam und lässt immer ein Gefühl von Traurigkeit zurück.

Wiederholt bin ich jungen Frauen mit einer tiefen spirituellen Sehnsucht begegnet, die den innigen Wunsch nach Kindern und Familie hatten, jedoch ernsthaft daran zweifelten, ob sich das verbinden ließe. Ähnlich ergeht es manchen Frauen, die einen Berufswunsch haben, der nicht in das Konzept «spiritueller» Professionalität passt, der ihnen zu gewöhnlich erscheint, als dass er in ein «meditatives Leben» passt.

Für mich wurde der scheinbare Konflikt zwischen «normalem» und «spirituellem» Leben sichtbar, als mein erstes Kind geboren war. Ich hatte eine wunderbare Tochter, und ich war glücklich. Ich war innerlich durchaus darauf vorbereitet, dass mein Leben sich ändern würde, doch was mich wie aus heiterem Himmel überraschte, war die Tatsache, dass ich plötzlich nicht mehr meditieren konnte, wie ich es gewohnt war.

In den Jahren zuvor war es für mich selbstverständlich geworden, mitten in der Nacht manchmal für Stunden zu meditieren. Ich liebte es, mich in der Nacht hinzusetzen und einzutauchen in eine Leere und Stille, die in der Dunkelheit und Ruhe der Nacht so einfach zugänglich war.

Mit einem Baby, das von Anfang an wenig schlief und viel Aufmerksamkeit brauchte, ohne Rücksicht auf Tag- und Nachtrhythmen, war das mit einem Mal vorbei. Die wenigen Nischen der Ruhe, die mir in der Nacht blieben, nutzte ich gierig für eine «Mütze Schlaf», an Meditieren war nicht mehr zu denken. Jäh versank ich in Tiefschlaf, sobald dieser kleine Engel einmal selig schlief, und in den kurzen Pausen am Tage, wenn ich es nachholen wollte zu meditieren, trug mich nur zu schnell ein Nickerchen davon, aus dem ich dann zehn Minuten später durch eine wohl vertraute laute Stimme wieder herausgerissen wurde.

Ich versuchte, mich mit dem Gedanken zu trösten, dass sie älter wird und ein festerer Rhythmus sich einstellen würde. Doch zunächst wurde sie älter und brauchte meine Aufmerksamkeit immer mehr, in unvorhergesehenen Momenten und immer genau dann, wenn ich sie auf etwas anderes richten wollte. Bevor meine Tochter dann so alt war, dass sie tatsächlich einen festeren Schlafrhythmus hatte, waren meine nächsten beiden Kinder geboren.

Ich gab es auf zu meditieren, zumindest innerhalb meines Alltagslebens. Glücklicherweise gab es die Seminare und Gruppen, die ich leitete, und in diesen Zeiten war ich – dank meines Mannes – zwischen Stillzeiten abgeschirmt, um mit den Menschen, mit denen ich arbeitete, zu meditieren. Mein Leben war mehr als erfüllt, doch manches Mal schielte ich neidisch zu meinen kinderlosen Freundinnen, die meditierten, Seminare und Retreats besuchten, ihre Lehrer trafen und mit ihrem spirituellen Leben sehr beschäftigt waren. Unbemerkt hatte sich die Befürchtung bei mir eingeschlichen, dass ich durch die Erfüllung meines Wunsches, eine Familie und Kinder zu haben, mir selbst ein großes Hindernis in meinen spirituellen Weg gebaut hatte.

Eines Tages war es so weit: Ich konnte für drei Tage verreisen, um meine spirituelle Lehrerin zu sehen. In der Hoffnung, dass sie mir eine «spirituelle Übung» geben möge, die ich mit nach Hause nehmen könnte, sprach ich mit ihr, fragte sie danach, wie ich in all dem Trubel meines Lebens näher zu dem göttlichen Geliebten rücken könne.

Ihre Antwort war voller Liebe, doch weit von dem entfernt, was ich erwartet hatte: «Du brauchst keine Übung. Alles ist in deinem Leben. Liebe deinen Mann und deine Kinder, das ist deine Meditation. Wenn du deine Kinder fütterst oder wäschst, dann wäschst du Ihn, den göttlichen Geliebten und wenn du deinen Mann liebst, dann liebst du Ihn. Das ist deine Übung, dein Pfad.»

Keine Übung konnte je wirkungsvoller für mich sein, und sie sollte über viele Jahre hinweg bis heute die intensivste und am meisten herausfordernde Praxis werden: Die Liebe in mein Leben zu bringen, und Gott zu lieben in allem, was ich tue, das ganze Leben mit all seinen Facetten als eine leidenschaftliche Meditation zu leben. Das Leben selbst hatte mir diese «Übung» gegeben, und meine Lehrerin hatte mir dafür die Augen geöffnet.

Die Rückkehr des Heiligen

Denn das Göttliche ist im Leben selbst verborgen. Das Leben winkt mit mannigfachen Möglichkeiten, Zugang zu finden zu dem, was göttlich ist. Es lädt uns ein und ruft uns, ihm mit Neugier und Freude, vor allem mit Liebe zu begegnen. Wenn wir diesem Ruf aufrichtig und wach folgen, wie kann dann eine Trennung beibehalten werden zwischen dem, was gewöhnlich ist und dem, was heilig ist?
Das Leben *ist* heilig. Doch unser modernes westliches Konzept vom Leben beinhaltet nicht selbstverständlich, dass das Leben göttlich ist. Seine starke materialistische Ausrichtung ist die Kehrseite unserer Tradition, das Heilige *außerhalb* des Lebens zu suchen. Wie würde sich unsere Haltung zum Leben ändern, betrachteten wir eine gemeinsame Mahlzeit in der Familie, das Pflanzen

eines Baumes oder einen Gesprächsaustausch am Arbeitsplatz als etwas Heiliges? Stellen wir uns einmal vor, Unkraut jäten im Garten, in einem See schwimmen, ein weinendes Kind trösten, mit Freunden zusammen sein und lachen, all diese Erlebnisse würden uns die Göttlichkeit des Lebens ins Bewusstsein bringen? Statt uns beständig zu fragen, ob es uns einen Gewinn an Zeit oder Geld oder persönlichem Ansehen bringt, ob es in irgendeiner Weise profitabel ist, Probleme löst oder als lästige Alltagsaufgabe einfach erledigt werden muss, begännen wir das Heilige des Lebens wieder zu entdecken. Wir lebten voller, erfüllter, mit mehr Freude, weil das, wonach wir immer außerhalb des Alltags suchen, uns mitten im Leben, in allem, was wir tun, begegnete. Und Meditation würde so möglich mitten im Alltag.

Für Frauen mit ihrer intimen Nähe zum Leben und ihrer instinktiven Verbindung zur Erde, mit der Natürlichkeit, mit der sie das Heilige in den Zellen ihres Körpers tragen, gibt es keinen anderen Weg, wenn sie alle Aspekte ihrer Weiblichkeit mit hineinnehmen wollen in ihre Rückkehr zu Gott. Das ganze Leben als Meditation zu begreifen, beflügelt unseren Tanz, macht ihn mühelos und gibt ihm die Attribute von Schönheit, Anmut, Intensität und Leidenschaft. Es erleichtert den weiblichen Weg erheblich, befreit ihn von dem Ballast auferlegter Strukturen und Formen, die Frauen oft einfach fremd sind. Wenn eine Frau meditiert, indem sie lebt, oder weiter fortgeschritten, die Essenz dessen, was Meditation ist, ins Leben bringt, so lebt sie das, was natürlich für sie ist. Wir brauchen nicht in erster Linie Disziplin, was meistens schwieriger ist für Frauen und einfacher für Männer, wir brauchen vielmehr die Kraft, die Weisheit und den Humor aus den Ressourcen unseres weiblichen Seins, um fähig zu sein mit dem Leben in innigster Umarmung zu tanzen.

Wie wird das Leben zur Meditation? Indem wir das Heilige im Leben erkennen und ihm auf natürliche Weise begegnen: mit Liebe. Wir geben allem, was wir tun, den Stempel der Liebe. Wir kochen das Essen mit diesem Gewürz, und wir verströmen diesen Duft, wenn wir unseren Partner lieben. Wir sorgen für unsere Kinder mit dieser Liebe. Wenn wir essen und trinken, so tun wir es mit ihrem Geschmack. Wir erinnern diese Liebe im Herzen und im Kopf und geben sie durch unsere Hände, wenn wir arbeiten, und wir ruhen in ihrer Stille, wenn wir Pause machen. Wir lassen sie als Grundton erklingen im Klang unserer Worte, ganz gleich ob die Worte zärtlich, nüchtern, humorvoll oder auseinander

setzungsfreudig sind. Wir antworten auf die Bedürfnisse unserer Umgebung mit dieser Liebe, ganz gleich ob wir gewähren oder Grenzen ziehen. Wir geben die Aufmerksamkeit all den Dingen, den Pflanzen, Tieren und Menschen, die uns begegnen, die sie von uns brauchen. Und – wir lassen zu, dass wir selbst geliebt werden. Denn, bei aller Liebe, mag uns das am schwersten fallen: uns zu erlauben, auch geliebt zu werden, uns lieben zu lassen.

In das Leben atmen

In dieser Meditationspraxis geht es darum, dass wir den Atem in unseren Alltag, in unser Leben tragen. Über den Atem geben wir allem, dem wir begegnen, allem, was wir erfahren und was wir tun, den Stempel der Liebe.

Beginne deinen Tag mit einer Zeit, in der du dich für einige Minuten entspannst und bewusst atmest. Du atmest ein und atmest aus. Du lässt den Atem strömen, ohne ihn zu beeinflussen. Bleibe dabei in Verbindung mit deinem Körper. Spüre die Liebe, die mit jedem Atemzug dich durchströmt. Mit dem Einatmen gehst du auf die Ebene der Seele. Spüre in den Moment hinein, der zwischen Einatmen und Ausatmen liegt. Mit dem Ausatmen strömst du wieder in die Welt.

Gott atmet Seine Liebe durch die Atemzüge der Menschen in diese Welt. Mit dieser Haltung kann sich unser ganzes Leben verändern. Mehr Licht kommt in die Welt und in unser Leben.

Trage die bewusste Besinnung auf den Atem mit durch deinen Tag, durch alles hindurch, was du erfährst und tust. Erinnere dich immer wieder. Wenn du an der Haltestelle stehst oder im Auto zur Arbeit fährst, atme die Liebe in deine Umgebung, in den Raum um dich herum. Wenn du andere Menschen versorgst, bedienst, unterrichtest, behandelst, tröstest oder ihnen Arbeitsanweisungen gibst, atme die Liebe in die Beziehung, die entsteht, in deine Worte und die Gegenstände, mit denen du arbeitest. Ob du reinigst, putzt, wäschst oder kochst, ob du Studenten unterrichtest, Büroarbeiten erledigst, am Computer sitzt oder telefonierst, verbinde dich mit dem, was du tust, durch deinen Atem. Gib allem, womit du zu tun hast, Aufmerksamkeit und Zuwendung, den Menschen und allen anderen Lebewesen wie auch den Dingen und Gegenständen. Selbst ein Computer oder ein Tisch oder Stuhl braucht Aufmerksamkeit.

Diese «Meditation» lebt von der Haltung, in der wir sie tun, nicht von der Vollkommenheit oder von etwas wie Erfolg oder Bemühen. Es braucht viel Zeit, unser Bewusstsein so zu schulen, dass wir in jedem Augenblick, in *allem*, was wir tun, uns der göttlichen Liebe bewusst gegenwärtig sind. Aber mit der Haltung, uns immer wieder zu erinnern, können wir beginnen. Der Atem hilft und trägt die Erinnerung, verbindet die Welten.

Dienen

Erst wenn wir unsere menschliche Seite ebenso voll akzeptieren wie unsere göttliche Seite und umgekehrt, sind die Grundlagen gegeben, auf denen wir in dieser Welt das Potenzial, das unsere Seele mitbringt, leben können.

Das bedeutet: Wir lassen uns auf das Leben ein, voll und ganz, auf unser menschliches Leben, was immer es mit sich bringt. Wir akzeptieren die Begrenzungen des menschlichen Daseins, die Grenzen unseres Körpers, unsere Unvollkommenheit und die Tatsache, dass wir immer wieder Fehler machen. Wir akzeptieren die Dualität, innerhalb derer das menschliche Dasein gefangen ist, die Anziehungskraft der Erde und die Trägheit der Materie, die Vergänglichkeit und Sterblichkeit, aber auch die Wandlungsfähigkeit von allem, was geschaffen ist.

Als Menschen leben wir unser höchstes Potenzial in unserer Beziehung zu Gott, indem wir dienen. Wirkliches Dienen ist nur möglich, wenn wir das Leben, unser Menschsein *und* das Göttliche, das unser Menschsein durchdringt, erkannt und akzeptiert haben.

Dienen heißt Teilhabe und Teilnahme an der Schöpfung und fordert eine bedingungslose Liebe. Bedingungslos ist diese Liebe, weil sie in der Hingabe an den Willen Gottes gründet und nichts für sich selbst will.

Natürlich wehrt sich unser Stolz gegen das Dienen. Gleichzeitig jedoch gibt es eine Kraft, die es uns leicht macht. Diese Kraft kommt aus unserem Herzen. Das Weibliche in der Frau sehnt sich danach, diese Fähigkeiten ins Leben zu bringen. Unglücklicherweise wird die weibliche Sehnsucht zu dienen häufig verwechselt mit Unterordnung, sich Ausliefern und dem Verlust der weiblichen Würde. Gesehen als ein Bestandteil eines zwischenmenschlichen Unterdrückungsverhältnisses provoziert der Begriff des weiblichen Dienens verständlicherweise Gefühle von Abwehr, Furcht, Widerstand und Empörung. Dienen hingegen aus einer respektvollen und liebenden Haltung unseres Herzens heraus, jenseits von hierarchisch strukturierten zwischenmenschlichen Beziehungen, ist etwas ganz anderes. Doch aufgrund dieser Verwirrung und aus Angst vor der Verletzung ihrer Würde unterdrücken viele Frauen die

Sehnsucht ihres Herzens, zu dienen. Dennoch leben Frauen dieses Dienen völlig selbstverständlich, Tag für Tag, und auch in vielen Nächten. Was anderes ist es als Dienen, wenn eine Mutter sich absolut auf die Bedürfnisse ihres Kindes einstellt, es nährt, wenn es hungrig ist, tröstet, wenn es traurig ist, nachts aufsteht, wenn es sich allein fühlt. Eine Mutter muss keine Ausbildung absolvieren, um dies zu lernen. Sie gibt sich dieser Aufgabe einfach hin und nutzt die Intuition und die Fähigkeiten, die sie ohnehin hat. Frauen, die sich diesem natürlichen Dienen selbstverständlich geben, empfinden trotz Anstrengung und Übermüdung unglaubliche Freude. Sie dienen dem weiblichen Aspekt Gottes, der Göttin, die Freude ins Leben bringt. Solche Frauen strahlen immer Würde aus, die Würde der Göttin.

Sexualität und Meditation

Frauen dienen nicht nur als Mütter, sie dienen auch nicht nur in großen humanitären Taten, nicht nur in pflegenden, nährenden und erhaltenden Aspekten ihres Lebens und Wirkens. Frauen dienen auch in ihrer Leidenschaft. Sie dienen der Göttin, wenn sie die Schönheit, die Kraft und das Wissen ihres Körpers hingeben in die Umarmung mit dem Menschen, den sie lieben, von dem sie geliebt werden. Viele Frauen haben vergessen, dass sie ein tiefes Wissen über Sexualität und Liebe in sich tragen. Frauen haben einen natürlichen Zugang zur Heiligkeit ihrer Sexualität. Geprägt jedoch sind wir Frauen der Gegenwart von den Vorstellungen einer Kultur, die Sexualität jeder spirituellen Dimension beraubt, während die Vorstellung von Spiritualität alles Körperliche verbannt und eine scheinbar unüberwindbare Gegensätzlichkeit zwischen Sinnlichem und Göttlichem aufbaut. So wundert es nicht, dass für viele Frauen der natürliche Zugang zum Wissen über die Heiligkeit des Körpers blockiert ist. Was geschieht, wenn wir diese Trennung zwischen Körper und Seele aufheben? Verbunden mit ihrer instinktiven Natur und der heiligen Substanz in den Zellen ihres Körpers hat die Erfahrung von Sexualität eine *spirituelle* Dimension. In der Tiefe des Erlebens werden wir eins, und dieses Einswerden schließt die Vereinigung mit dem Partner ein und geht weit darüber hinaus. Wir werden fortgetragen über die Einheit mit dem Universum, mit der Schöpfung, hinaus in ein jenseitiges Nichtsein, wo wir uns auflösen. Hier dürfen wir sein – oder nicht sein – für wenige Augenblicke, bevor wir wieder zurückkehren in die Dualität. Für diese kostbaren Momente sind wir entbunden von den Beschränkungen unseres Egos, von dem Drang und der Notwendigkeit, uns zu definieren,

uns als etwas Getrenntes zu empfinden, zu behaupten und zu schützen. Wir sind befreit von der Bürde des Ich-Seins und verschmelzen in einem Nicht-Sein, das manche von uns «Gott» nennen. Zu dieser Erfahrung gelangen wir durch Liebe, die uns die Kraft gibt, uns ganz diesem Erlebnis zu überlassen und einen Zustand der äußersten Verwundbarkeit zuzulassen. Diese Verwundbarkeit ist es, welche die Begrenzungen zwischen Hier und Dort aufhebt und uns gleichzeitig den vollkommenen Schutz gibt, umfangen zu sein in der Einheit.

Die Möglichkeit, aus den Grenzen und Beschränkungen des Ich hinausgetragen zu werden, ist ein wesentlicher Aspekt von Meditation. In allen ernst zu nehmenden spirituellen Traditionen ist das der Sinn der Meditation, darum wird Meditation praktiziert. So unterschiedlich die Techniken sein mögen, Meditation hat immer das Ziel, uns hinauszutragen aus dem, was uns begrenzt. Dadurch führt sie uns zur Wahrheit. Doch Meditation ist keine Arbeit, es ist ein Sichüberlassen. Meditation in ihrer essenziellen Bedeutung ist keine Übung auf ein Ziel hin, sondern ist ein Seins-Zustand. Dennoch unterliegt sie einem ständigen Prozess der Veränderung, sie ist niemals statisch, fließt von Zustand zu Zustand. Wie in der Sexualität erfüllt sie sich in uns, wenn wir uns ihr ganz überlassen und uns erlauben, in jenen Zustand der absoluten Verwundbarkeit einzutreten.

Wenn wir wirklich meditieren – und nicht nur daran arbeiten –, so ist Meditation ein leidenschaftliches und gleichzeitig völlig empfängliches Liebe machen mit etwas, das wir niemals benennen können. Sie ist eine Erfahrung äußerster Intimität und Zärtlichkeit, die für Frauen ganz physisch erlebt wird, ihre Sinnlichkeit einschließt, von der Intensität jedoch weit über die physische Sinnlichkeit hinausgeht.

Wer spricht darüber? Wo finden wir in der Flut von spirituellen Autobiographien und Büchern über Meditation, im Osten wie im Westen, Berichte über die erotische Dimension der Meditation und die spirituelle Dimension der Sexualität als zwei Aspekte ein- und desselben weiblichen Seins? Wir mögen Hinweise finden in den Schriften der christlichen Mystikerinnen vergangener Jahrhunderte, oder wir finden Andeutungen in den Mythen um die Göttin aus vergangenen Jahrtausenden, beheimatet in verschiedenen Kulturen und Zeiten, von Inanna bis Aphrodite. Die Kenntnis alter Mythen, Mysterien und Rituale wie etwa das der Heiligen Hochzeit vermitteln die Ahnung eines Verständnisses für die erotische Dimension weiblicher Spiritualität.

Erotik ist, was Gott der Frau mitgegeben hat. Sie impliziert Schönheit, Anziehungskraft, tiefe Emotionalität und Beziehungsfähigkeit, Kreativität *und* Sexualität, die der irdisch menschliche Ausdruck der Schöpfungskraft ist. Sie ist nicht eine dunkle Substanz in der rein erdhaften Körperlichkeit der Frau, sondern vielmehr etwas sehr Lichtes, ein weibliches Bewusstsein, das der Frau die Kraft zu spiritueller Reife und Transformation gibt.

Das weibliche Bewusstsein, das jene Qualität von Sinnlichkeit mit einschließt, verlangt danach, erweckt zu werden, damit die Frau ihren Weg zur Wahrheit findet. Ist eine Frau abgeschnitten von dieser Qualität, so wird aus ihrem Tanz zur Wahrheit eine mühsame Fortbewegung auf steinigem Weg, in einer Atmosphäre von Dürre und Trockenheit. Dahingegen schenkt ihr bewusst gewordene, von Licht durchdrungene Sinnlichkeit Nahrung und inspiriert sie in ihrem Tanz.

Diese Erotik lebt sich in all den weiblichen Qualitäten, die oben beschrieben sind: Leidenschaft, Empfänglichkeit, Beziehung, Kreativität, Schönheit, Humor. Alle diese Qualitäten fließen auch zusammen, wenn eine Frau eine erfüllende Sexualität lebt, erfüllend für beide Partner.

Sexualität zu leben ist nicht zwingend notwendig für einen weiblichen Weg, denn die grundlegende Erotik kann ihren Ausdruck auf verschiedene Weise finden. Doch für viele

Frauen ist Sexualität ein wichtiger Teil des Lebens. Über sie können wir die Glückseligkeit, die Nähe zum Göttlichen, die in unseren weiblichen Zellen gespeichert ist, weitergeben. Wir können der Liebe zu einem anderen Menschen den intensivsten Ausdruck geben, da wir sie durch die Sexualität heiligen. Und schließlich birgt sie die schöpferische Kraft, deren sprühende Funken durch die Vereinigung mit dem Männlichen neues Leben in uns selbst wachsen lassen kann.

Es ist die liebende Verbindung zwischen Schöpfung und Schöpfer, manifestiert im weiblichen Sein, die dem weiblichen Tanz zu Gott seine Anmut gibt. Sie ist wie ein Duft, der von ihr ausgeht, wenn die Frau sich dreht, ein Lufthauch, der zärtlich berührt beim Tanz der Schleier. Wenn das in diesem Sinne Erotische seine Wirkungskraft gleichermaßen entfaltet, in unserem alltäglichen Leben wie in der Meditation, dann rücken die Welten zusammen und wir beginnen, unsere Weiblichkeit in ihrer Ganzheit zu leben und leben das, was für uns natürlich ist. Meditation für Frauen ist ihrer Natur nach auch sinnlich. Umgekehrt, kann Sexualität für Frauen auch eine Form der Meditation sein oder zumindest sie zur Meditation hinführen. Einige Frauen wissen das, würden aber niemals laut darüber sprechen. Es ist ein Tabu, das kaum eine Frau bisher wagt zu durchbrechen, aus zweierlei Gründen: Es geht gegen unsere jahrhundertealte spirituelle Konditionierung, und es fürchtet die Verwundungen der weiblichen Spiritualität und der weiblichen Sexualität, die wir als kollektive Erinnerung noch schmerzhaft in uns tragen.

Die Heilung von Verletzungen

Aufgrund der tiefen Wunden, die Frauen aus der kollektiven und nicht selten aus der individuellen Verletzung ihrer weiblichen Sexualität davongetragen haben, ist manchen Frauen der natürliche Zugang zu den ursprünglichen Kräften und dem freien Fluss ihrer Sexualität verbaut. Instinktiv wollen wir Schmerz vermeiden, und es ist eine ganz menschliche Reaktion, dass wir uns verschließen, wo wir verletzt sind. Doch in jeder Frau existiert ein Raum, der unverletzbar ist, der niemals verletzt worden ist. Dieser Raum gehört zum Höheren Selbst, zur Seele. Wenn eine Frau Zugang zu diesem inneren heiligen Raum findet, so kann sie ebenso Zugang finden zu den reinen instinktiven Kräften ihrer Weiblichkeit. Die Kraft der Seele und die Weiblichkeit in unserer irdischen Existenz können ihre jeweilige Isolation aufgeben und zu jener Ganzheit zurückfinden, die in jeder Frau als Potenzial angelegt ist. Stärker als jede Verletzung ist die Kraft, die aus der Seele kommt. So geschieht Heilung nicht dadurch, dass wir uns auf das Problem fixieren, sondern dass wir die Kräfte in uns aktivieren und fließen lassen, die aus dem heiligen und heilen Raum kommen. Trotzdem natürlich haben Frauen Gefühle von Schmerz, von Trauer, von Wut und Zorn. Den Schmerz zu spüren ist ebenso notwendig wie Freude zu empfinden. Diese Gefühle gehören zum Leben, nur so bleiben wir lebendig. Halten wir aber allein am Leiden fest, so versagen wir uns die Möglichkeiten, die dahinter liegen. Richten wir unsere Aufmerksamkeit allein auf die Verletzung, so identifizieren wir uns mit dem in uns, was getrennt und verletzt ist, statt mit dem, was heil ist und echt. Wir schauen auf das, was fehlt und drehen uns in einem endlosen Kreis von Gefühlen zwischen Leiden, Anklage, Wut, Empörung, Rachegelüsten, Resignation und Rückzug. Doch wir können wählen. Wir können uns entscheiden, unsere Anhaftung an diese Gefühle loszulassen und jenen Ort in uns aufzusuchen, der rein ist und unverletzbar. Dort haben wir Zugang zu Kraft und zu Liebe. Von dort, von der Seele aus, kann Liebe fließen, kann Licht strömen in jeden verborgenen Winkel von Dunkelheit und Schmerz. Den Weg zu jenem reinen Ort finden wir über unser Herz. Über diese Liebe, mit diesem Licht können wir zu dem ursprünglichen Zustand unserer Weiblichkeit zurückfinden, und wirkliche Heilung kann geschehen.

Dabei ist wichtig, dass wir unserer Sexualität bewusst den heiligen Raum zurückgeben, der ihr angehört, der ihre Geburtsstätte und ihre Wohnung ist. Jede Frau muss individuell für sich herausfinden, auf welche Weise sie ihrer Sexualität diesen heiligen Raum zur Verfügung stellt. Dies ist keine Arbeit, die sie tun muss, und da ist nichts, das die Frau lernen oder entwickeln könnte. Sie muss den Raum nicht schaffen, denn er ist vorhanden, schon immer da gewesen. Sie muss auch nicht ihre Sexualität «passend» machen für diesen Raum, muss sie nicht erweitern, verändern oder auslöschen. Denn die Sexualität, und darüber hinaus die gesamte erotische Kraft einer Frau, bildet eine natürliche Einheit mit diesem heiligen Raum, aus dem sie kommt und den sie bewohnt.

Nur die Frau weiß, wie sie die erotische Kraft in jener Ganzheit leben kann, und für jede Frau sieht das anders aus. Es ist wichtig, dass sie zu dem findet, was ihrer Natur entspricht, sich nicht vergleicht und nicht nach einem Modell richtet, das ihr «richtig» erscheint. Manche Frauen leben ohne Partner und ohne praktizierte Sexualität. Dennoch leben und entfalten sie ihre weibliche Erotik in dem, was sie sind. Für andere Frauen ist es wichtig, dass sie ihre Sexualität leben und einbinden in ihren spirituellen Weg. Einige Frauen werden durch die Vereinigung mit ihrem menschlichen Geliebten auf tiefste Weise daran erinnert, dass Gott sie liebt, für andere ist es wichtig, nicht mehr zurückzuhalten, was sie durch die körperliche Liebe geben können. Über die heilige Substanz in ihrem Körper gibt die Frau dem Menschen, dem sie sich in inniger Umarmung schenkt, den Geschmack dessen, was jenseits ist vom Ich und vom Du, von Zeit und Raum.

Das Leben als Meditation

Wenn wir lernen, unser Leben als Meditation zu begreifen, mit all seinen Facetten, die dazugehören, dem gewöhnlichen Alltag wie den außergewöhnlichen Ereignissen, beim Abwasch wie beim Liebe machen, bei der Arbeit wie bei einem Spaziergang, so verbindet sich in uns das, was zeitlich ist, mit dem, was ewig ist, der Augenblick mit der Unendlichkeit, die Fülle mit dem Nichts, die Emotionen des Lebens mit der stillen Seligkeit in der Seele. So werden wir lebendig, auf allen Ebenen des Seins.

Eine einfache Übung, diese Verbindung in uns zu erfahren und zu stärken, ist eine «Geh-Meditation», die wir mit unserem Atem begleiten.

Gehen und atmen

Dies ist eine Meditation, in der unser Körper beschäftigt ist, statt zu ruhen. Das gibt uns die Möglichkeit, auf mehreren Ebenen gleichzeitig präsent zu sein, nicht «abzuheben» und den Boden unter unseren Füßen zu behalten.

→ Suche dir einen Ort, wo du gehen kannst. Einfach gehen, ohne irgendetwas anderes zu tun oder auf andere Dinge achten zu müssen. Es mag ein größerer Raum sein, der relativ leer ist und in dem du dich bewegen kannst, ohne irgendwo anzustoßen. Du kannst dir aber auch einen Ort draußen im Freien suchen oder einen deiner beliebten Spazierwege, sofern du dort ungestört sein kannst.

→ Du beginnst zu gehen und findest, während du läufst, deinen ganz eigenen Rhythmus, in dem deine Füße abwechselnd den Boden berühren. Wenn du in einem geschlossenen Raum bist, drehst du einfach «Runden», indem du in deinem gleich bleibenden ruhigen Rhythmus gehst.

Wichtig ist, dass du nicht versuchst, eine beson-dere Ausdrucksform der Bewegung zu finden, besonders ästhetisch oder langsam oder kraftvoll zu gehen. Niemand schaut zu, und es geht darum, dass du einfach gehst - so wie du bist.

Spüre deine Füße, wie sie den Boden berühren. Fühle die Bewegung des Gehens in deinem Körper, spüre, wie sie sich aus deinem Becken heraus entfaltet, deine Hüften, Beine, Knie und Füße einbezieht. Spüre den Kreislauf deines Blutes, den Rhythmus deines Herzschlags.

→ Gehe jetzt mit der Aufmerksamkeit zu deinem Atem. Du atmest ein und du atmest aus. Sei bewusst bei deinem Atem, wie er in dich einströmt, wieder aus dir herausströmt. Gehe mit dem Atem, wie du es in anderen Übungen hier kennen gelernt hast. Fließe mit dem Einatmen mit, wenn die Seele zurückgeht zu den innersten Ebenen, tauche in den Moment der Stille zwischen dem Einatmen und dem Ausatmen, und fließe mit dem Ausatmen wieder in die Welt, so wie das Ausatmen deinen ganzen Körper durchströmt.

→ Gehe in Achtsamkeit und atme in Bewusstheit. Du gehst und du atmest, und das ist alles, was du in diesem Moment tust, das ist, was dein ganzes Sein ausmacht, jetzt, in dieser Gegenwart.

Der Rhythmus deines Atems verbindet sich mit dem Rhythmus deines Gehens.

Deine Gedanken werden wahrscheinlich versuchen, dich wegzuziehen, an einen anderen Ort, in eine andere Zeit, die Vergangenheit oder die Zukunft. Bekämpfe sie nicht, sondern rufe dich selbst immer wieder zurück zu diesem Augenblick der Gegenwart, zum Zentrum deines gegenwärtigen Seins: Gehen und atmen.

Nichts in der Welt muss dich in diesen Minuten belasten, um nichts musst du dich sorgen oder kümmern. Dein ganzes Sein ist gehen und atmen.

Diese Meditation kannst du für die Dauer von fünf, zehn oder zwanzig Minuten machen, solange deine Konzentration und der Raum dafür ausreichen. Du brauchst außer der Aufmerksamkeit die Bereitschaft, loszulassen und gleichzeitig zuzulassen, was da ist.

Zulassen

«Wer das Lernen übt,
Nimmt täglich zu.
Wer Tao übt, nimmt täglich ab.
Nimmt ab und abermals ab
Und kommt so zum Nicht-Tun.
Nichtstuend
Bleibt doch nichts ungetan.»

(Lao-Tse, Tao Te King, 48)

Zwei Dinge sind wichtig auf dem weiblichen Pfad: die Erinnerung und das Zulassen. Weibliche Meditation kann auf natürliche Weise fließen und sich entwickeln, wenn diese beiden Aspekte auf dem Pfad präsent sind und genährt und unterstützt werden.

Erinnerung, Zulassen und schließlich Sein

Aufgrund ihrer Nähe zur Schöpfung und ihrer Bindung an die Materie haben Frauen auch die Neigung, sich in der Vielfalt der Schöpfung zu verlieren. Vor ihrem Blickfeld verschwindet das Wesentliche hinter der Mannigfaltigkeit. Die männliche Qualität einer klaren inneren Ausrichtung kann sich nicht durchsetzen, und dann werden die Pflichten, die eine Frau im Trubel und Lärm der Welt hat, zum Vorwand, die Stille nicht aufzusuchen. Deshalb ist es wichtig, sich immer wieder an die innere Stille zu erinnern.

Alle spirituellen Traditionen haben ihre eigenen Übungen und Rituale, um sich zu erinnern. Zwei der wesentlichen Praktiken sind die Konzentration auf den Atem und die Wiederholung eines Mantras, einer heiligen Silbe oder eines der Namen Gottes. In manchen Traditionen wird es gesprochen oder gesungen. Das Mantra kann aber auch still, im Innern, mit dem Herzen wiederholt werden. Äußerlich schweigend oder seine alltäglichen Aufgaben verrichtend ruft man sich innerlich die Erinnerung an das Göttliche zurück. Es gibt heilige Silben, die, jahrtausende-lang wiederholt, eine besondere Schwingung in sich tragen und die in der Tradition eines Pfades weitergegeben werden. Doch muss ein Mantra, das uns an die göttliche Quelle erinnern kann, nicht immer ein fremdländisches Wort oder eine Silbe aus einer alten religiösen Kultur sein. Es können auch Worte wie Stille, Frieden, Liebe wiederholt werden.

Für eine Frau wartet die Möglichkeit, sich zu erinnern überall, wo sie sich befindet. Da Frauen jenen eigenen Zugang zum Mysterium der Schöpfung in sich tragen, können sie *von Beginn an* durch alles, was zum Leben gehört, erinnert werden. Für viele Frauen ist in diesem Zusammenhang die Natur sehr wichtig. Sie gehen hinaus, um erinnert zu werden, dorthin, wo es Bäume gibt und frischen Wind, Berge, Wasser oder die Weite des Meeres. Auch die Kinder, die wir in unseren Armen halten, erinnern uns an das Göttliche oder die menschliche und körperliche Liebe.

Doch genau dort, wo das Potenzial der Erinnerung an die eine Quelle für uns vorhanden ist, da lauert auch die Gefahr, abgelenkt zu werden. Zu leicht können wir hier wieder vergessen, uns verlieren auf der Oberfläche der Erscheinungen, in unseren Emotionen und in unseren eigenen Beziehungen zu Menschen und Dingen. Es gibt eine Kraft, die in Frauen entwickelt werden und zur Reife finden muss, durch deren Hilfe das weibliche Sichverlieren in den Angelegenheiten der Welt verhindert werden kann.

Wie geht das zusammen mit der Mühelosigkeit des weiblichen Weges? Klingt das nicht nach Anstrengung und Streben? Die Antwort ist ja und nein. Damit etwas von einer bestimmten Schwingungsfrequenz in eine andere gebracht werden kann, bedarf es einer Kraft. Um

sich auf eine solche Kraft auszurichten, braucht es ein gewisses eigenes Bemühen. Jedoch gibt diese Kraft letzten Endes der Frau die Möglichkeit, in jener Mühelosigkeit durch die verschiedenen Ebenen der Spirale zu tanzen. Ohne diese Kraft der Fokussierung wird eine Frau stecken bleiben in einer Art Weiblichkeit, die keine Entwicklungsmöglichkeiten mehr hat.

So wird es beispielsweise für Frauen, die aus einem Reichtum von Fantasie, Wahrnehmungsmöglichkeiten und Kreativität schöpfen, an einem gewissen Punkt immer wichtig, das Wesentliche wahrzunehmen und Unwesentliches von Wesentlichem zu unterscheiden. Wenn wir uns an das Göttliche erinnern, erinnern wir uns an das, was wesentlich ist. Es ist das innerste Wesen aller Dinge. Wenn wir hinausgehen in die Natur, können wir so vieles wahrnehmen, wunderbare Farben und würzige Gerüche, das Spiel von Licht und Schatten, die Brise des Windes auf der Haut. Die Vielfalt ist berauschend, denn durch all diese Erscheinungen enthüllt sich das Göttliche, und wir werden daran erinnert. Aber zur Mitte finden wir, wenn wir «das Eine in allem» wahrnehmen. Dieses Erinnern an das Eine richtet uns aus. Wir können vermeiden, uns in der Mannigfaltigkeit der Eindrücke und Beziehungen zu verstricken, wenn wir den Bezug zur Mitte, zur Stille halten. Dies geschieht, indem wir uns an das *eine* Göttliche erinnern, das die Quelle all der vielen Dinge dieser Welt ist.

Von einem bestimmten Zeitpunkt an kann es dann notwendig werden, eine spirituelle Gruppe, eine Begleitung auf dem Weg, einen Lehrer oder eine Lehrerin zu haben, die uns darin unterstützen, über bestimmte Begrenzungen unserer eigenen Natur hinauszuwachsen und uns noch mehr auszurichten auf das, was uns wichtig ist. (Mehr darüber im nächsten Kapitel.)

Erinnern und Zulassen, so hieß es, sind wichtige Elemente des weiblichen Weges und können uns viele Mühen ersparen. Wir erinnern die Stille, die Präsenz des Göttlichen und die Liebe, die uns diese Präsenz fühlbar macht. Und wenn wir uns fragen, was es gilt zuzulassen, so ist es genau das, was wir erinnern. Wir erinnern nicht nur die Präsenz des Göttlichen, wir lassen zu, dass sie in uns lebt. Wir erinnern nicht nur die Liebe, die aus dieser Quelle fließt, wir geben ihr den Raum, um sich zu entfalten. Wir erlauben, geliebt zu werden und lassen zu, dass wir selbst lieben.
Es ist nicht leicht zuzulassen, denn wir haben eigene Vorstellungen. Überdies haben wir unsere Zweifel. Muss ich nicht erst dieses oder jenes lernen, erwerben oder verändern, bevor ein Potenzial erscheinen kann,

das sich auch in mir verbirgt? Bin wirklich *ich* gemeint? Kann es wirklich sein, dass da tatsächlich schon etwas vorhanden ist, das ich bisher nur nicht zugelassen habe zu leben? Manchmal hilft es, in gewissen Situationen innezuhalten, still zu werden, zum Herzen zu spüren, um dann die eindeutige Resonanz spüren zu können: Da klopft etwas von innen an die Tür unseres Herzens, und ein Wissen ist da, in uns, von dem wir vorher nichts ahnten. Indem wir innehalten, uns entspannen, beginnen wir, es zuzulassen.
Wir lassen zu, dass Liebe fließt und lassen zu, an die Oberfläche kommen zu lassen, was sich in unserem Innern verbirgt und offenbaren will. So beginnen wir, wirklich zu sein.
Im Vorangegangenen haben wir Wege kennen gelernt, wie wir entdecken können, was wir sind. Das Erkennen unserer eigenen Natur führt dahin, zu leben, was wir sind. Wir feiern den Tanz der Schöpfung, indem wir leben, was wir sind. Dies ist das eigentliche Geheimnis des weiblichen Weges: zu sein.
Was kann es im täglichen Leben bedeuten, zu *sein*? Wir lernen zu leben, was wir sind, unsere individuelle Natur zu leben – nicht indem wir etwas tun, herstellen, erreichen, gewinnen, was *noch nicht* da ist, sondern indem wir zulassen, *was* da ist. Was jedoch natürlich vorhanden ist, ist häufig zugedeckt durch viele Schichten kollektiver und individuel-

ler Konditionierungen. Sie werden deutlich, wenn wir unsere Beziehung zu dem, was wir sind, genauer betrachten und hinterfragen.

Wie etwa würde für dich die Antwort auf folgende Fragen lauten:
→ Kennst du das: Du fühlst dich schuldig für das, was und wie du bist? Du möchtest dich für dich selbst entschuldigen?
→ Bist du der Meinung, du müsstest dich verändern, eigentlich anders sein, als du bist?
→ Hast du das Gefühl, du müsstest sehr viel dafür tun? Versuchst du sogar, sehr viel dafür zu tun? Hast du das Gefühl, du tust zu wenig?
→ Glaubst du von dir, du bist nicht weiblich genug, oder du bist zu weiblich?
→ Glaubst du, du müsstest eigentlich so sein, wie jene andere Frau, die du kennst? So weiblich wie diese Frau, oder so ätherisch, so erdig, so heilig, oder so spirituell?
→ Bist du der Meinung, du musst hart arbeiten, um die zu werden, die du sein müsstest? Stärker sein, schneller, unverletzbarer? Oder das, was von innen her stark in dir ist, zum Verschwinden bringen, weil es nicht passend, nicht spirituell oder nicht weiblich ist?

Falls du alle Fragen eindeutig und ehrlich mit nein beantworten kannst, dann leg dieses Buch zur Seite. Du brauchst es nicht, wie du überhaupt keinerlei Hinweise oder Ratschläge brauchst. Lebe einfach weiter, lebe was du bist und meditiere weiter, wie du schon immer meditiert hast – auch wenn du bisher noch nicht wusstest, dass du meditiertest. Es macht nichts. Denn du *bist*. Und zu sein bedeutet, mit Gott zu sein.
Musstest du die eine oder andere Frage jedoch mit ja beantworten, so stehen wir nun vor dem Rätsel: Wie kommen wir dahin, einfach zu *sein*?

Entspannung
Eine Grundlage zum Sein ist Entspannung.
Wir, Frauen wie Männer, die wir in der gegenwärtigen westlichen Kultur aufgewachsen sind, haben verlernt, uns zu entspannen, und es ist unglaublich schwer für uns, *nichts* zu tun. Die überproportional starke Ausrichtung auf die materielle Seite

des Daseins verlangt von uns, dass wir nahezu ununterbrochen aktiv sind, mit unserem Körper, mit unseren äußeren Sinnen, mit dem Verstand. Unsere Legitimation, in dieser Welt zu sein, leitet sich aus dem ab, was wir tun und wie viel wir tun. Dabei gerät der Wechsel zwischen Bewegung und Ruhe außer Balance. Wir leben dann nicht mehr im Einklang mit dem Rhythmus der Schöpfung. Zu leben bedeutet natürlich auch, in Bewegung zu sein, bedeutet auch Aktivität, doch was wissen wir noch über das Geheimnis zu tun, ohne zu tun? Was wissen wir über Bewegung aus Entspannung heraus, über die Kunst, den Verstand gezielt aus einem Zustand der Stille, der Ruhe einzusetzen? Was so natürlich angelegt ist in allem, was lebt, als

eine Seite der beiden Pole, zwischen denen sich das Leben bewegt, ist etwas, das wir Menschen in der westlichen Welt, vielleicht zunehmend auch in der östlichen, wieder neu lernen müssen: uns zu entspannen. Dieses Lernen ist in seinem eigentlichen Sinne ein Ver-lernen. Besonders für Frauen ist es wichtig, zuzulassen, dass sich all die Schichten von Anstrengung, Anspannung und Erreichenwollen, die sich über den Kern ihrer eigentlichen Natur gelegt haben, wieder abbauen können. Das ganze Geheimnis des weiblichen Weges ist zu *sein*. Eine Möglichkeit, zum Sein wieder zurückzufinden, ist die Übung, uns zu entspannen. Wie können wir Entspannung als etwas Wesentliches in unseren Alltag integrieren?

Entspannung im Alltag

Strebe an, dir täglich einmal die Zeit für eine Entspannung zu nehmen.

→ Bei einem relativ regelmäßigen Tagesablauf suche dir eine feste Zeit am Tag, die du gleichmäßig einhalten kannst. Die stetige Wiederkehr im Tagesablauf ist eine Hilfe, da sie mit der Zeit eine Prägung in unserem Gefühl von Rhythmus hinterlässt, die uns dabei hilft, unsere Trägheit, Vergesslichkeit und Unbeständigkeit zu überlisten. Ist dein Tagesablauf wegen einiger Unwägbarkeiten zu wenig vorhersehbar, so nimm dir zumindest vor, irgendwann zwischen Aufstehen und Schlafengehen eine Zeit zu finden, in der du deine Entspannung machen kannst.

Wichtig ist, dass du einen Zeitpunkt findest, der sich in einen gesunden Rhythmus zwischen Aktivität und Ruhe einfügt.

→ Für diese Zeit, die mindestens zehn Minuten, höchstens aber eine halbe Stunde in Anspruch nimmt, sorge dafür, dass niemand dich

stört oder braucht, weder über das Telefon noch persönlich. Statt dem
«wenn» und «aber» Raum zu geben, das jetzt vielleicht in deinem
Kopf auftauchen mag, überlege dir, wie du diese Zeit mit Liebe und
Umsicht vorbereiten kannst. Es ist erstaunlich, wie unterstützend
und rücksichtsvoll eine Umgebung reagiert, wenn man selbst
entschlossen und eins mit dem ist, was von innen her gebraucht wird.

→ Lege oder setze dich bequem hin, je nach deinem Bedürfnis und
den äußeren Möglichkeiten, schließe deine Augen und lasse zu, dass
sich die Eindrücke und Impulse von außen sacht von dir zurückziehen.
Verzichte auch auf eine Zeitschrift oder ein Buch, den Fernseher
oder was immer du gewohnt bist, als Mittel zum «Abschalten» zu
nutzen.

Versuche, dich in dir selbst zu entspannen. Schau, wie es ist, wenn
nichts da ist, das deine Aufmerksamkeit fordert.

Wenn du sehr angespannt bist und ungeübt darin, dich zu entspannen,
so kann es am Anfang hilfreich sein, Musik zu hören. Wähle selbst
die Musik für dich aus, die dich deiner Erfahrung nach dabei unterstützt,
dich zu entspannen. Doch bleibe wachsam und finde nach einigen
Malen, bei denen du dich zur Musik entspannt hast, den Zeitpunkt,
an dem du sie nicht mehr wirklich brauchst. Stelle sie ab, bevor sie zur
Gewohnheit wird und so verhindert, dass deine Entspannung noch
tiefer werden kann.

Entspanne dich, und lasse Raum entstehen. Lasse zu, dass sich der
Raum vergrößert, ohne dass er sich neu füllt. Versuche einfach, in diesem
Raum zu *sein*. Lasse die Vergangenheit und die Zukunft hinter dir und
sei einfach in der Ruhe dieses Moments, der für einige Minuten dir alle
Lasten des Lebens abnimmt und Platz lässt zu sein.

Es gibt nichts, das du tun musst, nichts, das du auf eine ganz bestimmte
Weise tun musst, es geht lediglich darum, zu lassen - eben nichts zu tun.

→ Wichtig ist - wie bei einigen anderen Übungen - deine Beharrlichkeit.
Diese kleine Übung, die eigentlich keine Übung ist, hat eine sehr
weit reichende Wirkung auf dein Leben und deine Meditation, wenn
du sie über einen längeren Zeitraum *regelmäßig* machst.

Die «Übung» selbst ist weich und sinnlich, sie erfordert keine asketische
Anstrengung, doch du brauchst ein Quäntchen Disziplin, um ihr
für eine Zeit lang einen festen Platz in deinem Leben zu geben.

Nach einer gewissen Zeit, in der wir «geübt» haben, uns regelmäßig zu entspannen, trotz aller Herausforderungen und Versuchungen, die uns davon ablenken wollen, stellt sich ein natürliches Gefühl dafür wieder ein. Wir sind geboren worden mit dieser natürlichen Fähigkeit, uns entspannen zu können, wenn wir es brauchen.

Wir wissen alle, nicht nur aus Büchern oder aus den Berichten anderer, sondern aus eigener Erfahrung, dass ein entspannter Geist klarer und besser denken kann als ein Verstand, der mit allerlei beschäftigt ist. Wir wissen, dass wir die Lösung eines schwierigen Problems in dem Moment bekommen, wo wir loslassen, statt weiter angespannt über das Problem zu grübeln. So verhält es sich auf allen Ebenen des Seins, und der direkte Weg zu sein, was wir sind, ist das loszulassen, was wir glauben zu sein oder werden zu müssen. So ist Entspannung eine Grundlage, um das Leben zulassen zu können und damit zurechtzukommen, wie es auch eine Grundlage für Meditation ist und für jede Art von Entwicklung. Entspannung ist notwendig, damit wir uns öffnen können, und sie ist der Zustand, aus dem heraus Dynamik und Entwicklung neu geboren werden und sich auf immer wieder neue Weise entfalten können. Entspannung bedeutet aber keineswegs, dass wir müde und schläfrig werden, sondern vielmehr eine Haltung der Wachsamkeit und Aufmerksamkeit entwickeln, die sich auf den gegenwärtigen Moment bezieht. Wir erschließen uns nach und nach die Fähigkeit, uns nicht nur bei dafür eingerichteten Gelegenheiten zu entspannen, sondern immer, wenn es nötig ist. Aus einem tiefen Zustand von Entspannung können wir übergehen zu Zuständen, aus denen wir Weisheit und Intuition beziehen bis letztendlich hin zu jenen Ebenen, wo wir direkten Zugang zur Wahrheit haben.

In der Geburtsvorbereitung wird Frauen beigebracht, sich zwischen den Kontraktionen zu entspannen, sich zu weiten, loszulassen, sich wieder zu entspannen. Es sind nicht die Kontraktionen allein, sondern der Rhythmus zwischen Zusammenziehen *und* wieder Loslassen, der ein Kind auf die Welt bringt. Das Gleiche erfahren wir in der Sexualität. Frauen wissen, dass die natürliche Kunst zu entspannen ein Geheimrezept für eine erfüllende körperliche Liebe ist – die, wenn sie erfüllt, niemals nur körperlich ist. Es ist das Wechselspiel zwischen Dichte und Weite, zwischen Fülle und Leere, zwischen Ausdehnung und Zusammenziehen, die den Tanz der Schöpfung ausmacht. Letzten Endes baut diese Rhythmik eine Dynamik auf, die es uns ermöglicht, uns auf immer neuen und unbekannten Stufen wiederzufinden.

Entspannung auf allen Ebenen

In dieser Übung richtest du deine bewusste Aufmerksamkeit auf deinen physischen, deinen emotionalen und deinen mentalen «Körper», um dich zu entspannen.

Lege dich auf den Rücken und lasse deine Arme seitwärts neben deinem Körper liegen. Sorge vorher für frische Luft und dafür, dass du bequem und vor allem warm genug liegst. Decke dich, wenn nötig, mit einer Wolldecke zu.

Achte zunächst auf deinen Atem. Lass ihn ruhig fließen, und lasse zu, dass die Vibrationen deines Atems deinen ganzen Körper durchströmen.

→ Gehe mit der Aufmerksamkeit in deinen physischen *Körper* und lasse zu, dass er sich nach und nach überall entspannt. Beginne bei den Füßen. Lasse zu, dass sich deine Füße entspannen und wandere weiter mit deiner Aufmerksamkeit aufwärts durch die Beine zum Becken. Achte auf die Gelenke und die Muskeln, dass sie sich mehr und mehr entspannen können. Nimm den Atem zu Hilfe, um deinen Körper zu entspannen. Fühle die Entspannung in deinem Becken und ruhe hier für einen Moment. Spüre deinen Körper auf dem Boden, lasse ihn sinken und vertraue ihn den Kräften an, die ihn tragen.

→ Wandere mit deiner Aufmerksamkeit in deinem Körper weiter aufwärts, atme zu den inneren Organen, in deinen Brustkorb, zu den Schultern. Lasse zu, dass sich dein ganzer Oberkörper entspannt, und lasse die Entspannung in deine Arme, deine Hände fließen. Alles, was du hältst, gib es der Erde. Zum Schluss entspanne deinen Nacken und lasse den Kopf sinken.

→ Dein Körper liegt jetzt so entspannt auf dem Boden, wie es in diesem Moment möglich ist. Dein Atem fließt langsam und ruhig.

Völlig entspannt kann dein Körper nur sein, wenn du auf allen, auch auf den feineren Ebenen Entspannung einkehren lässt.

→ Schaue jetzt auf deine Gefühle: Welche Gefühlszustände ziehen an deiner Aufmerksamkeit, bewusst oder kaum merklich? Wo bist du in deinen Gefühlen angespannt? Lasse jetzt zu, dass sie sich entspannen. Die Knoten lösen sich durch den Fluss deines Atems. Nimm sie hinein in den einen Strom, der auch durch deinen Körper fließt.

Alle Aufregung und Anspannung in den Gefühlen sind wie die vom Wind bewegte Wasseroberfläche, unter der sich die stille Tiefe eines Sees verbirgt. Wenn sich auch die Oberfläche glättet, so kann der See zu einem ungetrübten Spiegel werden.

→ Gehe nun mit der Aufmerksamkeit zu deinen Gedanken. Lasse zu, dass sich der Sturm der Gedanken legt. Entspanne deine Gedanken und ihre Verknotungen. Da ist nichts in diesem Moment, das wichtig wäre, gedacht zu werden. Wo Schwere war, kehren Leichtigkeit und Leere ein. Auch zur Entspannung deiner Gedanken nimm den Atem zu Hilfe. Wenn sich der Wind der Gedanken legt, so werden auch die letzten Wellen der Gefühle ruhig und unser Sein wird zu einem klaren Spiegel wie der stille See, der das Mondlicht reflektiert.

Ruhe für eine Weile in diesem Zustand der Entspannung und beginne dann, deinen Körper wieder langsam zu bewegen, bevor du aufstehst. Achte darauf, dass du nicht zu plötzlich aufstehst, sondern diesen Zustand in deine Aktivität und Bewegungen mitnimmst.

Über die Liebe

«Hunderte von Dingen magst du ausprobieren, doch Liebe allein wird dich von dir selbst erlösen. So fliehe nie vor der Liebe, nicht einmal vor der Liebe in irdischer Gestalt, denn sie ist Vorbereitung auf die höchste Wahrheit», sagt Jami, ein persischer Sufi aus dem 15. Jahrhundert. Warum neigen wir dazu, der Liebe auszuweichen, sogar vor ihr zu fliehen? Sie ist das Größte, das uns Menschen gegeben wurde. Alles verlangt nach Liebe, und jeder Mensch sucht auf seine Weise nach der Liebe.

Dennoch kennen wir den Impuls wegzulaufen, wenn die Liebe auf-taucht. Klopft sie an unsere Tür, so versuchen wir hektisch, uns hinter verriegelten Türen zu verbarrikadie-ren. Glücklicherweise lassen die meisten von uns irgendwo einen kleinen Spalt offen, eine verschwie-gene Hintertür, die wir vergaßen abzuschließen.

Haben wir sie einmal hereingelassen, uns ein einziges Mal ihrer Umarmung überlassen, so werden wir die Liebe nicht mehr so leicht los. Doch selbst dann, wenn wir sie empfangen, be-grüßt, gekostet haben, hören wir nicht auf, gegen sie zu kämpfen oder immer wieder vor ihr zu fliehen. Wir versu-chen, uns vor dem zu schützen, was unser Herz am meisten ersehnt, und suchen Sicherheit in einem Zustand der Isolation und des Getrenntseins. Was ist so gefährlich an der Liebe, dass wir sie, der unsere größte Sehnsucht gilt, so sehr fürchten?

Sie ist bedrohlich, weil sie keine Rücksicht nimmt auf alles, was wir bisher glaubten zu sein, keine Rücksicht auf unsere Grenzen, unsere Sicherheiten, unsere Konzepte, unsere Zukunftspläne. Sie verlangt alles, und sie gibt alles, und wenn wir versuchen, mit ihr zu handeln, zeigt sie sich kompromisslos und zuweilen grausam. Sie ist unsagbar zärtlich und dann wieder scharf und klar. Die Liebe sprengt unseren Rahmen. Sie ist verrückt und wild, raubt uns die Sinne und den Verstand. Sie reißt unsere Grenzen nieder – wenn wir sie zulassen.

Wer Sicherheit möchte, schließt sich selber ein, und durch wen immer die Türen dann geöffnet werden, von dem geht Gefahr aus. Wer Freiheit möchte, heißt den willkommen, der die Türen öffnet und aus Isolation und Gefangenschaft befreit. Nach den Worten Jamis ist die Liebe die Straße zur Wahrheit.

Es gibt eine Geschichte, die davon erzählt, wie jemand einen Meister aufsucht und ihn bittet, sein Schüler werden zu dürfen. Der Meister fragt ihn, ob er jemals in seinem Leben jemanden geliebt habe. Und der Suchende verneint, mit der Begründung, dass er Gott suche und daher keine Zeit für die irdische Liebe habe. Der Meister schickt ihn wieder weg und bedeutet dem Sucher, nicht eher wieder zu kommen, bis er die Liebe in menschlicher Form gelebt habe. Erst dann könne er sein Schüler werden. Wie soll er Gott lieben können, wenn er die Liebe nicht einmal in ihrer irdischen Gestalt kennen gelernt habe?

In der Liebe gibt es keine Trennung. Spalten wir die irdische Liebe völlig ab von der göttlichen, so ist da keine Liebe mehr, denn Liebe ist Einheit, und was immer wir in der Liebe suchen, ist letztendlich die Einheit, die Aufhebung der Trennung. Da überdies die Frau ihren Weg geht durch ihr Eingebundensein in die Schöpfung, innerhalb ihrer weisen und vertrauten Verbindung mit der Erde, so kann die irdische Liebe, sei es in der Form eines Liebesverhältnisses mit einem Menschen oder in der hingebungsvollen Liebe zu Pflanzen, Tieren oder im Dienst an anderen, niemals ein Hindernis für ihre Meditation sein.

Vielmehr kann die gelebte menschliche Liebe eine Form der Meditation sein, weil man sich vergisst, wie man sich in der Meditation vergisst. Geliebt werden und lieben sind eins. Dennoch empfinden wir häufig diese beiden Aspekte getrennt. Vielen Frauen erscheint es leichter zu lieben, als dass sie zulassen können, geliebt zu werden. Zu lieben vermittelt die Illusion, irgendetwas selbst noch in der Hand zu haben, während sich einfach lieben zu lassen völlige Verletzlichkeit und Schutzlosigkeit bedeutet. Manche Menschen halten sich auch nicht für wert, geliebt zu werden. Die Sehnsucht aber, sich ganz zu geben, ganz zu überlassen, eben geliebt zu werden, ist eine zutiefst weibliche Sehnsucht. Denn nichts ist einfacher für die Frau, weil diese Hingabe ihre Natur, ihre Sehnsucht ist, und nichts scheint gleichzeitig schwieriger für sie zu sein, da sie um die Verletzung ihrer Stärke fürchtet.

Lieben und geliebt werden sind eins, und nur wenn wir zulassen, geliebt zu werden, können wir wirklich lieben. Die Stärke der Liebe geht Hand in Hand mit der Verwundbarkeit, dies ist eines der großen Paradoxe in der inneren Welt.

Betrachtung zur Liebe im Alltag

Nimm dir einen Moment Zeit und schaue in dein gegenwärtiges Leben. Betrachte deinen Alltag, seine aktiven und seine stillen Momente.

→ Schaue auf die Anforderungen, die das Leben dir stellt, deine Umgebung, Menschen, Dinge und Arbeit. Für wen erfüllst du diese Anforderungen, mit welcher Haltung? Gibt es einzelne Punkte, in denen sich deine Haltung ändern könnte? Könnte das Leben so fließender werden? Leichter?

→ Betrachte Erlebnisse, in denen du deine Liebe spürst, Augenblicke, in denen du von deiner Liebe überrascht wirst. Gibst du ihr einen Ausdruck oder versuchst du, sie verborgen zu halten? Denkst du erst darüber nach? Was könnte passieren, wenn du sie spontan ausdrückst? Wie ist das Lebensgefühl, wenn du deine Liebe nicht versteckst, wenn du ihr Ausdruck verleihst durch das, was du bist?

→ Schau auf die Momente, in denen Liebe zu dir fließt, in denen die Liebe versucht, dich in ihre Arme zu nehmen. Sie kommt mit vielen verschiedenen Gesichtern und sie hat sehr eigene Wege, auf denen sie dich zu erreichen sucht. Lässt du dich berühren? Mit welcher Haltung begegnest du ihr?
Gibt es Momente, in denen du deine Haltung ändern könntest? Könnte dein Leben so weicher werden, humorvoller?

→ Wie ist es, wenn du allein bist? Spürst du in der Stille des Alleinseins die Liebe? Und – wenn du einen Anflug davon spürst – lässt du sie weiter zu? Gibst du ihr Raum in deinem Innern, in deinem Herzen?

Meditation

und spiritueller Pfad

Die Reise, die wir bis zu diesem Punkt zurückgelegt haben, wenn wir den Seiten dieses Buches folgten, haben wir allein getan.

Wir können uns inspirieren lassen, Anregungen finden dazu, wie sich die Wege der Meditation entsprechend unserer weiblichen Natur wieder freilegen lassen. Wir können Zugang finden zu dem, was weiblich ist, indem wir uns den Mysterien des Weiblichen in uns selbst wieder nähern und so auch unseren ureigenen individuellen Zugang zu den Quellen des Weiblichen in uns finden. Wir finden diese Quellen über die Natur, den Zauber und die Geheimnisse unseres weiblichen Körpers, über unsere instinktiven Eigenschaften und die Qualitäten unserer Psyche, und schließlich auch über unsere besondere Verbindung zur Erde. Wir können eine Ahnung davon bekommen, wie Licht und Materie in unserem weiblichen Körper auf einzigartige Weise eine Ganzheit bilden, die darauf wartet, erweckt zu werden.

Durch gewisse Übungen der Achtsamkeit, die unseren Körper und die Erde mit einbeziehen, durch Bewusstheit mit dem Atem, Aufmerksamkeit für unsere Träume und unsere Intuition, durch die Liebe, die wir in unseren Alltag bringen, beginnt der Tanz in der Spirale des Lebens für uns bewusst zu werden. Das Leben hat schon immer getanzt, doch nun werden wir *gewahr*, dass

wir tanzen. Etwas von dem Mysterium, wie die Dinge in die Schöpfung kommen, wird ahnungsweise deutlich, zunächst irgendwo am Rand unseres Bewusstseins. Was wir vielleicht irgendwo dunkel fühlten, doch nicht benennen konnten, empfängt Licht und wird heller. Im Schein dieses Lichts können wir vielleicht erahnen, dass wir dieses Mysterium als ein Wissen in uns tragen. Denn wie eine genetische Information in der DNS unserer Körperzellen ist dieses Wissen im Bewusstsein, im Geist der Zellen unseres Körpers gespeichert und verschlüsselt – als ein Potenzial, das darauf wartet, geweckt, enträtselt und schließlich entfaltet zu werden.

Wenn wir tiefer in dieses Mysterium eintauchen wollen, wenn wir jene namenlose Sehnsucht spüren, nach Hause zurückzukehren, zur Wahrheit zu finden, wie führt uns dann der Weg weiter? Es stellt sich die Frage: Können wir ganz allein dorthin gelangen? Können wir von dem Punkt, an dem wir uns jetzt befinden, allein weitergehen? Brauchen wir lediglich unsere weibliche Weise der Meditation zu finden, um, wie es anfangs hieß, allein durch das Erkennen und Leben unserer Natur zurück zur Quelle, zu Gott zu kommen? Wenn eine Frau schon immer dort gewesen ist, wo sie hin will, wenn sie keinen beschwerlichen Weg zurücklegen muss, um aus sich selbst herauszuwachsen, wenn sie alles, was sie braucht, in sich trägt, braucht sie dann einen Weg, eine bestimmte Meditation, die durch die Kraft einer jahrhunderte- oder gar jahrtausende-alten Tradition aufgeladen ist? Braucht sie dann eine Lehrerin oder einen Lehrer?

Um zur Wahrheit zu finden, müssen wir uns von dem befreien, was uns trennt von der Wahrheit. Da wir in der physischen Welt leben, leben wir in einer Welt der Vielfalt, doch auch der Getrenntheit. Unser Instrument, um hier leben zu können, ist unser Ego, das durch sein Bewusstsein einer isolierten, getrennten Existenz es uns möglich macht, in dieser Welt zu leben. Wir haben sehr festgelegte Vorstellungen über uns selbst und die Welt, wir handeln bewusst und unbewusst nach diesen Vorstellungen, und sie sind alle geprägt von dem Blickwinkel der Dualität und des polarisierenden Verstandes. Aus der Sicht der Einheit sind sie Illusion und verschleiern, was wahr ist. Nun geht es weder darum, unseren Verstand noch die Fähigkeit zu verlieren, in dieser Welt zurechtzu-kommen. Vielmehr wollen wir dorthin finden, wo hinter den Er-scheinungen der Welt die Wahrheit sichtbar wird. So wird es notwendig, sollte die Sehnsucht uns weiter-ziehen, uns von den Begrenzungen unserer Ego-Identität zu befreien und darüber hinauszuwachsen. Können wir das allein tun oder mit der Hilfe von Büchern? Ohne Tradi-tion, ohne Lehrer, ohne Begleitung? Berücksichtigen wir zusätzlich, dass jeder Weg ganz einzigartig ist, kann uns ein unpersönliches Buch oder die eigene Intuition allein dorthin führen?

Ein Sufi-Meister aus dem 11. Jahr-hundert hat gesagt: «Es ist leichter, einen Berg an einem Haar herum-zuschleppen, als sich mit eigener Kraft von sich selbst zu befreien.» Wir können skeptisch bleiben und sagen, dies war ein Mann, der das gesagt hat, vielleicht gilt das nur für Männer. Doch wer, ob Frau oder Mann, hat es wirklich schon geschafft, sich selbst am eigenen Schopf aus dem Sumpf zu ziehen? Unser gesunder Menschenverstand sagt uns, dass die Kraft, die uns nach oben zieht, nicht von unten kommen kann. Sie muss etwas mehr Halt haben als wir selbst und von ein wenig höher kommen, um nach oben ziehen zu können. Außerdem brauchen wir in dieser Welt für alles eine Art Form, ein Gefäß. Unser physisches Dasein hat eine Begrenzung in unserem physi-schen Körper. Wir könnten physisch nicht existieren, wachsen und im Austausch sein mit unserer Umge-bung ohne dieses Gefäß. Auf einer sehr viel feineren Ebene ist die Psyche das Gefäß für unsere Gefühle, Emo-tionen und Beweggründe oder der Geist das Gefäß für unsere Gedanken und die, die wir von anderen aufnehmen. Natürlich können wir diese Gefäße nicht sehen und anfassen wie den physischen Körper, sie existieren dennoch. Am ehesten wird uns ihre Existenz durch die Auswirkungen deutlich, die es hat, wenn das psychische oder geistige «Gefäß» zerstört wird.

Ebenso brauchen wir Menschen ein Gefäß für das spirituelle Bewusstsein. Wir können dieses höhere Bewusstsein, das sehr viel umfassender und feiner ist als unser gewöhnliches Verstandesbewusstsein, als eine Qualität von sehr hellem Licht betrachten. Mit den Prozessen, in denen dieses Licht mehr und mehr unser Sein erhellt, braucht es gleichzeitig die Bildung eines «Gefäßes», das dieses Licht aufnehmen kann, ohne dass es unser System in seinem ursprünglichen Zustand zerstört. Durch Meditation kann ein solches Gefäß gebildet und aufgebaut werden.

Am Schluss dieses Buches sollen deshalb einige Gedanken folgen, die Meditation als Instrument der spirituellen Schulung betreffen. Im Mittelpunkt unseres Interesses liegt die Wiederaufnahme einer Art zu meditieren und den inneren Weg zu gehen, der mit der weiblichen Natur übereinstimmt. Könnten so nicht Türen geöffnet werden, die für lange Zeit verschlossen waren?

Das Wissen um den weiblichen Pfad könnte die bestehenden spirituellen Traditionen mit ihrem Potenzial an Kraft und Weisheit vertiefen und erneuern, ohne sie in ihrer Essenz zu beeinträchtigen oder zu verfremden. Dieses weibliche Wissen könnte innerhalb einer Tradition und Lehre eigene Antworten finden lassen auf die Bedürfnisse und Sehnsüchte der Frauen, deren Herzen von dieser Tradition angezogen werden. Doch auch jenseits der spirituellen Traditionen und Systeme lebt eine unsichtbare Überlieferung des weiblichen Weges, die unabhängig von bestimmten Formen, Ritualen, Übungen und Meistern in den Herzen der Frauen existiert. Jede Frau kann sich auf den Weg zu sich selbst machen und die Spuren dieser unsichtbaren Tradition in sich selbst ertasten und zu leben beginnen. Doch wo die Wegweiser beginnen, in eine Richtung zu weisen, die jenseits von uns selbst ist, wird der Punkt erreicht, wo Meditation, im engeren Sinne, individuelle Schulung und eine Lehrerin oder einen Lehrer braucht.

Praxis der Meditation

«Gott ist Stille und kann nur in der Stille erfahren werden.»
Irina Tweedie

Verschiedene Traditionen bieten unterschiedliche Anleitungen und Vorgehensweisen der Meditation an, je nach ihren jeweiligen Grundlagen und den Erfahrungen, die sich durch die essenzielle Energie dieses Weges, die Einsicht ihrer Meister und Lehrer, durch die Praxis ihrer Weggefährten im Laufe der Zeit manifestiert haben. Allen Meditationsarten gemeinsam, wo immer sie in der Übung ihren Brennpunkt haben, ist das Ziel, Stille in den Verstand zu bringen, sodass der Zugang zu einem Bewusstsein gefunden werden kann, das jenseits unseres Ego-Bewusstseins liegt. Der denkende Geist ist ein höchst unruhiger Geselle, und fast jeder Mensch, der zu meditieren beginnt, macht zunächst genau diese Erfahrung: Zum ersten Mal tatsächlich zu merken, wie unruhig, ständig bewegt und immer aktiv seine Gedanken sind. Der Wunsch zu meditieren erwächst bei vielen Menschen zunächst aus dem Bedürfnis, «zur Ruhe zu kommen». Irgendwo spüren sie, dass sie in der Gehetztheit und Getriebenheit durch Kräfte, die von außen wie aus ihnen selbst kommen, an dem, was wahr oder wirklich ist, vorbeileben.

Da gibt es die Vorstellung, Meditation mache uns gesund und heil wie eine Art Zaubermittel gegen Kopfschmerzen, Abgespanntheit und innere Unruhe. Viele von uns wissen, dass wir in unserer westlichen Kultur in einem Ungleichgewicht zwischen Spannung und Entspannung, zwischen Aktivität und Ruhe leben. Viele spüren das «am eigenen Leib», am Zustand ihrer körperlichen oder psychischen Gesundheit. Meditation scheint da manchem als magisches Wundermittel zu winken. Enttäuschend ist dann die völlig unerwartete Erfahrung, wenn es, beginnt man zu meditieren, innerlich nicht ruhig oder still, sondern lauter denn je wird. Doch das ist ein Irrtum. Es ist schon vorher so laut gewesen, doch wir haben es nicht bemerkt. Die ununterbrochene Aktivität des Verstandes bestimmt und beherrscht uns, wenn sie unbewusst geschieht. Beginnt diese ständige unbewusste Aktivität der Gedanken uns bewusst zu werden, so machen wir den ersten Schritt auf dem Weg, sie zu meistern. Meditation wirkt nicht rasch wie ein Wundermittel, sie erfordert Geduld und Beharrlichkeit. Wenn wir dabeibleiben auch in Zeiten, in denen die Meditation nicht so ist, wie es unserer Vorstellung entspricht, und wenn wir dies akzeptieren, dann beginnt sie, in uns ihr wahrhaft lebendiges Wesen zu enthüllen.

Denn eine Meditation ist immer die Begegnung mit etwas, das größer ist als wir selbst und darüber hinausgeht.

Praktische Hinweise

Die folgenden Hinweise sind nicht mehr als Anregungen und Vorschläge und können in keiner Weise die Führung und Anleitung durch einen Lehrer ersetzen, zu dem die individuelle Seele in eine Beziehung tritt. Sie mögen vielmehr einen groben Rahmen aufzeichnen, innerhalb dessen sich Suchende orientieren und gemäß ihrer individuellen Möglichkeiten erfahren können, sofern sie nicht unter der Anleitung und den Weisungen eines Lehrers und einer spirituellen Schule meditieren.

→ WANN MEDITIERE ICH?

Möchtest du beginnen, regelmäßig zu meditieren, so ist es wichtig anzustreben, dies *täglich* zu tun. Sehr hilfreich ist eine bestimmte Tageszeit zu finden, die in deinen individuellen Tagesablauf so hineinpasst, dass es realistisch bleibt, sie einzuhalten.

Setzt du dich dann jeden Tag immer wieder zur gleichen Zeit zur Meditation, so bildest du eine Gewohnheit, die es dir erleichtert, dich einzuschwingen.

Eine gute Tageszeit zum Meditieren ist der frühe Morgen. Der Tag ist wie ein neugeborenes Kind, dein Geist ist noch nicht belastet mit allzu vielen Erlebnissen und Alltäglichkeiten. Die Atmosphäre in uns und auch um uns herum ist weniger geprägt und beschwert von Gedanken.

Bei aller Unterschiedlichkeit der individuellen Anforderungen und Tagesabläufe ist der frühe Morgen – neben dem Abend – am ehesten eine Zeit, in der sich eine kontinuierlich feste Meditationszeit einrichten lässt.

Allein Mütter mit kleinen Kindern oder Menschen, die nachts arbeiten, sind davon ausgenommen. (Anmerkung zu Müttern mit sehr kleinen Kindern: Für sie gilt, dass sie nicht regelmäßig meditieren *können* und sicher auch nicht brauchen. Was sie tun können, ist das, was ich aus meiner eigenen Erfahrung die «Nischen-Meditation» nenne. Wann immer sich unvermutet eine kleine Pause ergibt, ganz gleich zu welcher Tageszeit, die Nische nutzen und sich zur Meditation setzen, wenn es auch nur für ein paar Minuten ist. Es funktioniert! Aus den Gründen, dass wir in diesen Zeiten besonders viele Fähigkeiten zur Flexibilität entwickeln und ohnehin sehr viel Hilfe bekommen aus anderen Welten.)

Am Abend sind manche Menschen zu müde, um zu meditieren. Hinzu kommt, dass wir angefüllt sind mit den Erlebnissen und Gedanken des Tages. Doch kann die Meditation auch wie eine Brücke sein hinüber in den Schlaf, und es ist auf diese Weise besonders leicht für die Seele, dorthin zu gehen, wo sie hingehen möchte, während der Körper schläft. Wichtig ist, dass du deine eigene beste Zeit zum Meditieren findest, die du für dich mit einem minimalen Aufwand von Disziplin aufrechterhalten kannst.

→ WIE LANGE MEDITIERE ICH?

Es gibt keine festgelegte Zeit, innerhalb derer eine Meditation sinnvoll ist. Da wir während einer Meditation häufig verschiedenste Phasen von «Bewusstseinszuständen» durchlaufen, ist die Frage der Dauer sehr relativ. Eine lange Zeitdauer sichert uns deshalb nicht unbedingt eine «gute» Meditation zu. Um ein extremes Beispiel zu nennen, was macht es für einen Unterschied, ob wir in einer viertelstündigen Meditation uns zehn Minuten lang und in einer halbstündigen Meditation fünfundzwanzig Minuten lang den Kopf darüber zerbrechen, welches Menü wir für unsere Gäste am Sonntag kochen sollen?

Andererseits braucht es eine gewisse Zeit, um unseren Verstand zu entlasten und unser Bewusstsein in eine andere Schwingungsfrequenz gleiten zu lassen. Sei es auch nur für den Bruchteil einer Sekunde, dass es still wird in uns, so ist dies unendlich wertvoll, und wir brauchen unsere Zeit, alles andere hinter uns zu lassen, um dorthin zu finden.

Für den Anfang reichen zehn bis höchstens fünfzehn Minuten, wenn du tatsächlich versuchst, täglich zu meditieren. Wenn du das Bedürfnis hast, länger zu sitzen, so kannst du dies natürlich tun. Es ist jedoch sinnvoll, dir einen Rahmen zu setzen, um eine Verankerung in deinem täglichen Leben zu halten.

Allmählich, wenn du eine Weile regelmäßig meditiert hast, kannst du die Zeit ausdehnen auf eine halbe, später eine ganze Stunde. Für die ersten Monate jedoch sind zehn Minuten ein gutes Zeitmaß.

Letzten Endes findest du selbst, wenn du aufmerksam bist, die Zeitspanne heraus, die für dich stimmt.

→ WO MEDITIERE ICH?

Häufig bevorzugen Meditierende einen fest eingerichteten Platz für ihre Meditation, eine Art heiligen Ort inmitten der gewöhnlichen Welt. Ein Meditationsplatz kann für eine ganze Weile hilfreich sein, um leichter in den Fluss der Meditation zu kommen, da auch durch den Ort eine Art äußerer Gewohnheit geschaffen wird. Außerdem empfinden sensible Menschen die Energie an verschiedenen Plätzen unterschiedlich. Grundsätzlich ist jedoch ein eigener Platz für das Praktizieren der Meditation weder Notwendigkeit noch Voraussetzung. Wichtig ist, dass es ein Ort ist, an dem du für die Dauer deiner Meditation ungestört bleiben kannst. Je leerer in einem äußeren wie in einem inneren Sinne der Raum ist, in dem du meditierst, umso leichter ist es, vor allem am Anfang. Auch der äußere Lärm spielt manchmal eine Rolle. Es gibt Menschen, die nach vielen Jahren des Meditierens nicht ohne Ohrstöpsel meditieren können. Andere wiederum haben keinerlei Probleme mit dem äußeren Lärm, da sie vielleicht sowieso mit dem «inneren» Lärm beschäftigt oder in der Lage sind, ihre Sinne so leicht nach innen zu richten, dass sie keinen äußeren Lärm wahrnehmen. Die Abhängigkeit von äußeren Bedingungen für das Meditieren ist sehr individuell, doch neigen wir eher dazu, diese äußeren Bedingungen zu überschätzen.

Du brauchst keine eigene Meditationsecke in deiner Wohnung, um meditieren zu können, schon gar nicht ein eigenes Meditationszimmer. Wenn es dir gefällt, vor allem, wenn es dir das regelmäßige Meditieren erleichtert, so kannst du es dir natürlich so einrichten.

Je mehr jedoch die Meditation eingebettet ist in unser alltägliches Leben, je mehr sie einfach ein Teil davon ist, umso kraftvoller ist sie, vor allem für Frauen. Meditiert eine Frau in ihrem Wohnzimmersessel, auf ihrem Bett oder an ihrem Küchentisch, so ist das auch ein Ausdruck davon, wie die Welten in ihr zusammenkommen, wie das Alltägliche geheiligt und das Heilige alltäglich wird – so wie es potenziell in ihr schon immer eins gewesen ist. Eine getrennte Meditationsecke oder ein eigenes Meditationszimmer verführt dazu, die Trennung zwischen dem, was heilig, und dem, was gewöhnlich, alltäglich, menschlich ist, noch zu verstärken.

Wollen wir zulassen, dass die Ströme der Meditation zusammenfließen mit den Strömen des Lebens, so ist der beste Platz zum Meditieren ein Platz, an dem wir uns wohl fühlen und in uns selbst allein sein können.

Frauen meditieren auf natürliche Weise. Wenn du bereits eine Meditation hast, die für dich stimmt, so bleibe bei dieser Meditation. Vielleicht hast du eine Meditation gelernt, die von einer bestimmten Tradition geprägt ist, aus einem bestimmten System kommt und für dich wie geschaffen ist. Möglicherweise hast du auch selbst eine Art zu meditieren entwickelt, die dir ganz natürlich und selbstverständlich erscheint. Lasse dich nicht verunsichern durch die falsche Annahme, eine gute Meditation müsse komplizierter sein. Tatsächlich ist es so, dass es einfacher wird, je mehr wir uns der Wahrheit nähern.

Wann immer du mit einer Meditation lebst, zu der du von Herzen Ja sagen kannst, bleibe bei dieser Meditation. Falls du das Gefühl hast, keine Meditation zu brauchen, oder deine Meditation ist, in der Natur zu sein, oder zu tanzen, zu malen, zu töpfern, zu singen ... bleibe bei diesem Gefühl, solange nicht etwas anderes dein Herz ruft.

Es gibt viele verschiedene Arten zu meditieren, und Meditation ist etwas, womit sich die Menschheit seit Jahrtausenden beschäftigt. Leider haben sich damit auch Vorstellungen übermittelt, die Meditation mit einem gewissen Perfektionismus in Verbindung bringen. Danach sollte sie, wenn sie «richtig» gemacht wird, uns über alles Menschliche, sprich Unvollkommene, hinausheben. Wir

sehen uns dann, mit überkreuzten Beinen sitzend, aufrecht mit geradem Rücken, bewegungslos womöglich für Stunden. In diesem Bild der perfekten Meditation sind wir verklärt, fern von aller Dunkelheit und entrückt von aller Körperlichkeit. Alle Erscheinungen, die dieses Bild stören, erfüllen uns mit Scham. Somit haben wir unzählige Gründe, uns zu schämen. Denn wir sind Menschen und bleiben es auch, wenn wir meditieren. Die Knie schmerzen, der Rücken tut weh, wir werden erfasst von einem Drang, uns zu bewegen, wir haben Gedanken – nicht nur gute –, auch Gefühle, und dazu noch sinnliche Erfahrungen. Geben wir diesen menschlichen Zügen zu viel Aufmerksamkeit, indem wir uns zutiefst dafür schämen oder versuchen, sie auszumerzen, so wird es lange dauern, bis wir in den Genuss einer wirklichen Meditation kommen. In einem freundschaftlichen Gefühl zu unserer Menschlichkeit dagegen finden wir eine gute Grundlage, auf der wir «sitzen» können. Dann können wir frei werden, jene Räume aufzusuchen, die jenseits aller Beschränkungen liegen, dort, wo die Seele ihre Flügel ganz entfalten kann. Einige Möglichkeiten unter den unzähligen Varianten zu meditieren sind beispielsweise auch jene, in denen man sich bewegt. Zu gehen, wie es oben in einer Anleitung gezeigt wurde, oder zu tanzen sind Möglichkeiten, mit denen wir uns, gepaart mit einer entsprechenden geistigen Haltung, innerlich zentrieren und einschwingen können auf das, was wirklich ist.

Wir können uns sammeln, indem wir sitzen und unseren Atem beobachten oder uns auf gewisse heilige Worte, Silben oder Bilder konzentrieren. Wir können meditieren, indem wir heilige Verse rezitieren oder singen oder uns auf bestimmte Aspekte der Wahrheit oder göttliche Eigenschaften ausrichten.

Eine Meditation unter denen, die der äußeren Form nicht so viel Bedeutung beimessen, sei als Anleitung hier vorgestellt. Es ist die stille Meditation des Herzens, die auf dem Pfad der schweigenden Sufis praktiziert wird.

Die stille Meditation des Herzens

Wir sitzen oder liegen bequem, sodass unser Körper sich ganz entspannen kann. Wir legen keinen Wert auf eine bestimmte Körperhaltung, denn dies ist eine Meditation des Herzens, die unserem Körper keinerlei Disziplin abverlangt, vielmehr ihre Basis hat im Zustand absoluter Entspannung.

Wir schließen unsere Augen und gehen mit unserer Aufmerksamkeit zu unserem Herzen, zur Liebe unseres Herzens.

Diese Meditation ist eine Meditation der liebenden Hingabe. Denn wir wissen, dass das Gefühl der Liebe die stärkste Kraft im Universum ist. Unser Verstand, unser denkender Geist ist sehr stark, sehr dynamisch, sehr schwer zur Ruhe zu bringen, doch das Gefühl der Liebe im Menschen ist stärker und dynamischer. So nutzen wir in dieser Meditation die Liebe, um in einen Raum zu gelangen, der jenseits unseres Verstandes ist. Die Liebe macht den Verstand still. Auch diese Meditation ist still. «Gott ist Stille und kann nur in der Stille gefunden werden» (Irina Tweedie). Wie gehen wir mit unserer Aufmerksamkeit zur Liebe unseres Herzens? Nun, wir aktivieren in unserem Innern das Gefühl der Liebe. Aus dem Funken der Liebe in unserem Herzen entfachen wir eine wärmende brennende Flamme. Anfänglich kann es helfen, dass wir an jemanden denken, den wir sehr lieben, wer oder was immer es ist, oder dass wir mit unserem Gefühl dorthin gehen, wo wir einmal sehr viel Liebe erfahren haben. Die Liebe in unserem Herzen ist ein Ort, den wir aufsuchen können. Wir können lernen, jederzeit Zugang zu diesem Ort zu haben.

Wir tauchen ein in diese Liebe. Wir versuchen, uns ganz, mit jeder Faser, jedem Gefühl, jedem Gedanken von dem Gefühl der Liebe aufnehmen zu lassen, so als tauchten wir ein in einen grenzenlosen Ozean.

Der Verstand wird uns ablenken, immer wieder werden neue Gedanken auftauchen. Es ist wichtig, dass wir sie nicht bekämpfen, das macht sie nur stärker! Wir akzeptieren jeden Gedanken, der kommt, nehmen ihn in unsere Arme und tauchen mit ihm zusammen unter in der Liebe. Wir werden dies wieder und wieder tun müssen, denn unser Verstand wird wahrscheinlich rebellieren oder zumindest nicht gern seine Aktivitäten aufgeben.

Doch die Liebe ist größer, unendlich größer, und in der Lage, letztendlich jeden Gedanken in sich zu versenken. Der Zustand der Entspannung wird größer, die Liebe wird größer, und so wird die Übung, den Verstand still werden zu lassen, mit der Zeit müheloser. Irgendwann beginnen wir, winzige Momente der Stille zu erfahren. Doch wenn wir dies denken, sind wir bereits wieder im Verstand. In den Momenten der Stille sind wir «nicht anwesend», nicht unser Ego, nicht unser Verstand. Dies geschieht dadurch, dass das Gefühl der Liebe in unserem Herzen und wir selbst und der Zustand unserer Meditation eins werden. Jede Dualität verschwindet. Von diesen Momenten bleibt keine Erinnerung für den Verstand zurück, jedoch eine tiefe Ahnung, eine Erinnerung des Herzens.

Lehrer auf dem Pfad

«Lehren ohne Worte,
Wirken ohne Tun,
Nur wenige erreichen es in der Welt»

Lao-Tse, Tao Te King, 43

Wenn die Meditation ein Weg ist, so führt dieser Weg uns immer durch ein bisher unbekanntes Gelände. Nicht immer können wir die Zeichen deuten, die auf unserem Weg auftauchen, die Gefahren ausmachen oder unsere Zweifel überwinden, die uns vom Pfad abbringen wollen. Jemand, der das Gelände bereits aus eigener Erfahrung kennt, kann uns geleiten. Rumi, aus dessen Dichtung die Tiefe der Erfahrung auf dem Pfad der Liebe direkt zu unseren Herzen spricht, hat gesagt: «Wähle einen Meister, denn ohne ihn ist die Reise voller Sorgen, Ängste und Gefahren. Ohne Begleitung würdest du auf dem bereits eingeschlagenen Pfad verloren gehen. Gehe nicht allein auf dem Pfad.» Oder, wie Hafiz, ebenso ein bekannter Sufi-Dichter, sagte: «Auf dem Pfad der Liebe mache auch nicht einen Schritt ohne Führer. Ich versuchte es, hundertmal, und scheiterte.»

Vielleicht neigen wir dazu, diese Aussagen zunächst sehr wörtlich zu nehmen und sehr eng auszulegen. Bei näherer Betrachtung zeigt sich jedoch, dass wir die Sache mit der Führung und der Lehre aus einer sehr viel weiteren Perspektive betrachten können. Wer uns führt und geleitet, ist auch die Person oder Wesenheit, durch deren Präsenz wir lernen. Wir lernen zu unterscheiden, zwischen Illusion und Wahrheit, zwischen der Stimme des Herzens und der Stimme des Egos. Wir lernen zu akzeptieren, geduldig zu sein ebenso wie mutig und beherzt zu werden. Wir lernen, allmählich das, was wir sind, zu leben. Und hinter uns zu lassen, was uns einschränkt, womit wir uns identifizieren, was wir glauben zu sein.

Wir haben zu Beginn dieses Kapitels davon gesprochen, dass niemand durch eigene Kraft sich von sich selbst befreien kann. Kräfte, die uns dabei helfen, sind auch die Kräfte, durch die wir lernen.

Eine spirituelle Lehre fasst Aspekte des Wissens um Meditation und die Wege der spirituellen Transformation zusammen. Diejenigen, die es auf diesen Pfaden zur Meisterschaft gebracht haben, die sich auskennen in unbekanntem Gelände, die selbst frei sind von jeglichem Wollen und sich ganz in den Dienst des Höchsten gestellt haben, sind die Lehrer.

Gleichzeitig trägt die Frau bereits all das Potenzial, zu Gott zu finden, in sich selbst. Wie jede menschliche Seele, die in dieses Leben geboren ist, ob Frau oder Mann, trägt sie die Saat der Erkenntnis in sich. Doch darüber hinaus ist die Frau mit einem Geheimnis ausgestattet, das ihr alle Möglichkeiten mitgibt, damit diese Saat aufgehen kann, ohne dass sie etwas anstreben muss, was sie (noch) nicht ist. Sie braucht keinen Berg zu erklimmen, muss nicht ausziehen in andere Welten und kämpfen. Sie kann genau dort sein, wo sie ohnehin schon ist. Allein – sie muss leben, was sie ist, indem sie, um zu unserem Bild zurückzukehren, tanzt. Sie tanzt ihr Leben, tanzt für ihren Schöpfer, tanzt zurück ins unergründliche Zentrum der Spirale.

Braucht sie dann jemals einen Lehrer, ist da Platz für einen Lehrer?

Das Leben ist der größte Lehrer

Zunächst können wir feststellen, dass jede Frau wie auch jeder Mann einen überaus weisen Lehrer hat. Für alle ist es der gleiche Lehrer, und doch erscheint er für jeden Menschen verschieden und lehrt jeden Einzelnen auf absolut individuelle und einzigartige Weise. Vielleicht sollten wir besser sagen, es ist eine Lehrerin, denn es handelt sich hier um das Leben selbst.

Es heißt, das Leben sei der größte Lehrer.

Das Leben ist ein großes Geheimnis.

146

Wir werden es niemals vollends entschlüsseln, niemals ganz einsehen können. Die Weisen unter den Menschen, die Propheten und die Heiligen, mögen tiefere Einsichten haben in die Bereiche des Lebens, die jenseits alles Gesehenen wurzeln. Doch da werden immer Aspekte des Lebens in der Unsichtbarkeit bleiben, als ein Geheimnis des Absoluten, das keinem Weisen, keinem menschlichen Wesen zugänglich ist.

Dieses Nichtwissen macht uns zu gelehrigen aufnahmebereiten Schülern des Lebens. Wäre das Leben vorhersehbar und in all seinen gewitzten und immer wieder neu erschaffenen Schachzügen einsehbar, so könnte es uns nicht mehr überraschen, uns nichts mehr beibringen. Es schafft Situationen, die in einem einzigen Augenblick alle unsere bisherigen Vorstellungen über den Haufen werfen. Gleichzeitig spiegelt es uns auf einzigartige Weise die Art, wie wir in das Leben hineinschauen. Es klingt banal, doch jeder von uns hat diese Erfahrung schon gemacht: Blicken wir grau und finster ins Leben, so schaut es grau und finster zurück. Strahlen wir hingegen in das Leben hinein, so leuchtet es zu uns zurück.

So ist an diesem Beispiel bereits ersichtlich, dass die Lehrer-Schüler-Beziehung tatsächlich eine Beziehung ist, an der beide beteiligt sind, auch wenn der Lehrer das Leben selbst ist.

Welche Qualitäten sind notwendig, um aufmerksame Schüler des Lebens werden zu können?

Zum Ersten ist wichtig, dass wir das Leben achten, auch indem wir es als Lehrer anerkennen. Respekt ist eine Grundvoraussetzung. Doch Achtung und Respekt sind keine herausragenden Werte in unserer modernen westlichen Kultur und Erziehung. Von tief innen her mag die Haltung des Respekts noch vertraut sein, doch lernen viele Menschen im Westen heute schneller, wie man Geld zählt, sich die eigenen Vorteile sichert oder persönlich erfolgreich zu werden versucht, als die Haltung, mit der man dem Leben, der Erde, den Vorfahren, den Eltern, den Lehrern oder einfach den Mitmenschen Respekt entgegenbringt.

Andere Kulturen, wie die der indianischen Ureinwohner Amerikas oder asiatischer Völker, haben sich Formen des Respekts bewahrt, doch wir können diese Formen nicht in unser westliches Leben integrieren. Nur wenn wir neu erkennen und begreifen, dass alles mit allem zusammenhängt, dass wir nicht getrennt sind, sondern dass unsere Gedanken und Taten letztlich auf uns zurückwirken, dann gewinnen wir die Einsicht, dass wir uns selbst schaden, wenn wir jemand anders Schaden zufügen. Dann ist Respekt die natürliche Konsequenz. Durch Respekt achten wir die Ganzheit des Lebens und die Ganzheit eines Menschen.

Die zweite Eigenschaft, um ein aufmerksamer Schüler des Lebens zu sein, ist die Bereitschaft, alle Erfahrungen im Leben vor dem eigenen Hintergrund zu hinterfragen. Wenn uns etwas Unangenehmes zustößt, sollten wir uns fragen, warum uns das passiert ist. Falls es uns gelingt, bei einer solchen Gelegenheit nicht in die gewohnten Muster von Wut, Anklage, Bitternis oder Selbstmitleid zu verfallen, sondern offen zu fragen, wohin dieses Ereignis meine Aufmerksamkeit lenken will, so erleben wir das als sehr befreiend.

Jeder von uns kennt die Erfahrung, dass eine geraume Zeit später, weit genug entfernt von unseren spontanen emotionalen Reaktionsmustern, gewisse Ereignisse des Lebens in einem ganz anderen Licht erscheinen als in der jeweiligen Situation. Im Nachhinein können wir dann erkennen: Wäre nicht damals das und das passiert, so hätte ich mich nicht in diese Richtung gewendet, in die es mich heute geführt hat. Durch eine genaue urteilsfreie Betrachtung der Ereignisse in unserem Leben können wir uns von Verhaltensmustern und Konditionierungen befreien, die unsere Entwicklung blockieren.

Eine dritte Voraussetzung, um aufmerksame Schüler des Lebens werden zu können, ist die Beziehung selbst, die wir zum Leben haben. Je bewusster wir in unserer westlichen Kultur uns unserer Individualität

geworden sind, je höher wir die Werte von so genannter Selbstverwirklichung gesetzt haben, umso schwieriger ist unsere Beziehung zum Leben geworden. Dies geht bis zu einer Art Feindseligkeit, die wir empfinden, wenn wir beispielsweise davon sprechen, dem Leben nicht gewachsen zu sein, vor dem Leben Angst zu haben, dem Leben etwas abzuringen oder das Leben unter Kontrolle zu bringen. Was ist das für eine merkwürdige Beziehung, in der das Leben unser Feind oder Rivale ist, den wir entweder besiegen oder dem wir unterliegen, vor dem wir uns fürchten müssen und der nichts anderes im Sinn hat, als uns unterzukriegen? Ist es allein unsere menschliche Angst vor dem Schmerz, dass wir versuchen, vor dem Leben wegzulaufen, uns zu verstecken oder unantastbar zu machen, indem wir uns Rüstungen zulegen und Mauern errichten? Oder betrachten und behandeln wir das Leben als einen Widersacher, weil wir den Zugang zur Einheit des Lebens verloren haben?

Denn das Leben sind wir selbst. Wie kann es dann unser Feind sein? Es entspringt der unbegrenzten Freude seines Schöpfers und dessen Liebe, und wir können an dieser grenzenlosen Freude teilhaben, wenn wir uns mit dem Leben auf die Weise verbinden, wie wir ursprünglich zusammengehören. Dann beginnt das Leben, sich selbst zu feiern. Vom Leben lernen kann Freude machen und Spaß, denn das Leben hat viel Humor. Es arbeitet manchmal mit sehr viel Strenge, wenn wir uns unbelehrbar zeigen, doch viel zu wenig erkennen wir seinen Witz. Wir kennen den Ausdruck von der Ironie des Schicksals, dies ist ein Aspekt der humorvollen Seite unseres Lehrers, der Leben heißt. Wenn wir so viel Humor aufbringen, dass wir über uns selbst lachen können, dann haben wir oft Gelegenheit, mit dem Leben zusammen zu lachen.

Und dann passiert etwas höchst Interessantes: Eine Art Magie beginnt, sich in unserem Leben zu entfalten. Es scheint, als geschähen die Dinge viel leichter so, wie sie geschehen sollen, sie fließen, und wir fließen mit. Die Grenze zwischen Möglichem und Unmöglichem beginnt zu verwischen. Möglich ist, was fließt, und dies sind dann plötzlich Dinge, die wir bisher entschieden für unmöglich gehalten hatten. Wir werden eins mit dem Leben.

In diesem Prozess hilft uns das Leben. Es befreit uns von den Beschränkungen, die wir in uns selbst haben. Wo wir zu viel festhalten, bringt es uns dazu, loszulassen. Wo wir im Dunkeln tappen, reißt es Fenster und Türen auf und bringt Licht herein. Es gibt und es nimmt, denn nur so ist es ganz. Akzeptieren wir beides, so achten wir seine Ganzheit und können mitfließen.

Der innere Lehrer

Wir sind selbst Teil des Lebens. Wir werden getragen und durchdrungen von einer Wesenheit, die aufs tiefste verbunden ist mit den Eigenschaften des Lebens, die es zur Lehrerin und Führerin machen. Es ist das, was wir den *inneren Lehrer* nennen.

Der innere Lehrer ist die höchste Autorität, die wir wahrnehmen können im Bereich dessen, was existiert. Es heißt, dass ein «äußerer» Lehrer immer auf den inneren Lehrer verweist, denn der innere Lehrer ist auf direkteste Weise mit der individuellen Seele und ihrem Schicksal verbunden.

Wir nennen diesen inneren Lehrer das *Höhere Selbst*. Es ist die reinste Form unseres Seins innerhalb der geschaffenen Welt, das Selbst der individuellen Seele, in die der göttliche Wille gespiegelt ist. Hier steht in Buchstaben, die keine Menschenhand so rein und klar formen kann, geschrieben, was Gott von uns möchte. Der Wille des Höheren Selbst ist der Wille Gottes, in einer reinen ungebrochenen Spiegelung. Auf dieser Ebene gibt es kein Wollen, kein Hinterfragen, keine Zweifel, keine Verbesserung. Hier sind wir, was wir sind, es ist reine Natur des Seins auf höchster Ebene.

Unser Höheres Selbst zieht die Erfahrungen im Leben an, die wir brauchen, um unseren Weg gehen zu können. Auf diese Weise wirkt das Leben als Lehrer. Je mehr wir uns ausrichten auf die Weisheit des

Höheren Selbst, umso mehr können wir mit den Entwicklungsmöglichkeiten unserer Seele kooperieren und gleichzeitig mit dem Leben mitfließen.

So geschieht die enge «Zusammenarbeit» mit unserem inneren Lehrer allmählich, aufgrund einer Haltung der Hingabe an das Leben und an den göttlichen Willen, durch unsere alltäglichen Übungen, durch Meditation und das Loslassen von Vorstellungen. Das Höhere Selbst ist immer mit uns in Kontakt, nicht nur in besonderen medialen oder intuitiven Momenten. Nur, wir nehmen das selten wahr. Es braucht einen Prozess, braucht seine Zeit, dass wir unsere inneren Sinnesorgane wieder öffnen, dass wir mit dem Herzen wieder hören und auch verstehen können, was der innere Lehrer uns sagen möchte. Manchmal mag er in weisen markanten Sätzen zu uns sprechen, viel häufiger jedoch spricht der innere Lehrer direkt durch das Leben mit uns, und die Beziehung zu ihm wird intim und vertraut durch die Entwicklung eines Bewusstseins der Liebe, das die Botschaften verstehen und umsetzen kann.

Natürlich haben wir auch Widerstände, die Botschaften zu vernehmen und zu befolgen. Wir haben unsere eigenen Vorstellungen, wie das Leben zu funktionieren hat. Dennoch ist da etwas in uns, das mehr weiß und einen größeren Überblick hat. Diese Instanz kann jedoch nur wirken, wenn wir nach und nach alle Konzepte über das Leben aufgeben.

An dieser Stelle taucht häufig die Frage auf, wie die Stimme des Höheren Selbst zu unterscheiden sei von der Stimme des Egos. Zum einen lernen wir diese Unterscheidungsfähigkeit durch die Erfahrung selbst. Wir erleben uns, wie wir kämpfen, wie wir etwas «besser wissen» wollen, wie wir beeinflusst sind durch unsere Konzepte und Vorurteile und wie wir natürlich Fehler machen. Es ist sehr wichtig, dass wir den Mut haben, Fehler zu machen, denn sonst können wir niemals etwas lernen. Wie werden wir dann jemals unterscheiden können, wenn wir nicht gewagt haben, beides auszuprobieren? Selbstverständlich geht es nicht darum, bewusst Fehler zu machen. Wir versuchen immer unser Bestes, doch natürlich scheitern wir immer wieder.

Zum Zweiten gibt es hinsichtlich der Unterscheidungsfähigkeit ein eindeutiges Kriterium. Wir sprachen an anderer Stelle davon, dass die Einfachheit zunimmt, je näher wir der Wahrheit kommen. Deutet also etwas in uns auf die Wahrheit hin, so geschieht das immer auf sehr einfache, klare Weise. Erscheinen die «Hinweise» kompliziert, mit wenn und aber und vielen kleinen Häkchen, in komplexen Konstruktionen, so kann es sich nicht um eine Stimme direkt aus dem Herzen handeln. Ziemlich deutlich erkennt man hinter dieser Maske einen komplex arbeitenden Verstand, der sich auf alle erdenklichen Winkelzüge versteht. Dagegen ist Einfachheit das Kennzeichen der Wahrheit.

Der äußere Lehrer

Nicht nur, um von einem gewissen Zeitpunkt an jemanden zu haben, der uns auf der Reise in die inneren Welten führt, uns die Gefahren und Irrwege zeigt, uns ermutigt und immer wieder hilft, uns auszurichten, ist es für einige wichtig, einen Lehrer oder eine Lehrerin zu haben. Die Lehrerin oder der Lehrer können auf der äußeren Ebene die tiefste und intimste Beziehung reflektieren, die sich in unserem menschlichen Herzen offenbaren kann. Sie weist auf die sich entfaltende Beziehung zwischen Gott und unserer Seele hin, die in unserem Herzen erwacht, wenn wir uns auf die spirituelle Reise begeben. Diese Beziehung hat die Qualität von kaum vorstellbarer Intimität und ist gleichzeitig absolut unpersönlich, im Gegensatz zu dem, was unser westliches Verständnis von Beziehung ist.

Für gewöhnlich empfinden wir eine Beziehung als umso tiefer und näher, je mehr unsere Person hineingewoben ist. Die Nähe wird hergestellt und empfunden durch die Einbindung des Persönlichen. Doch für den

Mystiker ist die Beziehung zu Gott eine Beziehung der Seele und spielt sich deshalb auf der Ebene der Seele ab. Auf der Ebene des Persönlichen bleiben wir immer begrenzt, können die Dualität nie ganz überwinden, während die Ebene der Seele den Zustand des Einsseins reflektiert. Hier können wir gänzlich verschmelzen und das Einswerden erfahren.

In der Sufi-Tradition geht der Schüler über die Hingabe an den Lehrer zur Hingabe an Gott. Der wahre Lehrer stellt den leeren Raum dar, durch den der Schüler direkt und ohne persönliche Hindernisse zu Gott findet. So spielt das Persönliche in der Beziehung zum Lehrer keine Rolle, denn auch diese Beziehung ist eine Beziehung, die auf der Ebene der Seele stattfindet. Gleichzeitig ist der wahre Lehrer absolut frei von persönlichen Vorstellungen über den Schüler. Er ist nicht involviert mit einem persönlichen Willen oder Wunsch, denn er selbst ist hingegeben an den Willen Gottes und damit allein dem, wohin Gott die Seele des Schülers führen möchte. Er ist auf der Ebene der Seele mit dem Schüler verbunden und stellt das spirituelle Potenzial des Schülers über alles.

Da es eine eindeutige Beziehung zwischen Lehrer und Schüler gibt, eine Seelenverbindung, erübrigt sich die Frage nach der «Auswahl». Es gibt nicht die Möglichkeit, sich einen Lehrer auszuwählen, genauso wenig, wie ein Lehrer uns auswählen kann.

Wie finde ich dann meinen Lehrer, meine Lehrerin? In der indischen Tradition heißt es: «Wenn der Schüler bereit ist, erscheint der Lehrer.» Der Schüler zieht durch seine ehrliche Suche, sein intensives Bemühen um die Wahrheit den Lehrer an.

Auf diesem Weg können uns Menschen begegnen, die dem äußeren Anschein nach unsere Lehrer sein könnten und es dennoch nicht sind. Woher wissen wir es, wenn wir dem wahren, wenn wir unserem Lehrer begegnen? Unser Verstand weiß es nicht, doch das Herz weiß es. Unser Herz fühlt es, und unser Herz wird immer eindeutig reagieren. Denn nicht unsere Vorstellungen, die wir von unserem spirituellen Lehrer haben, nicht unsere Wünsche, nicht die emotionalen Empfindungen, die wir mit der Suche nach einem Lehrer verbinden, bestimmen die Verbindung zum Lehrer, sondern allein unser Herz, das uns fühlen lässt, wohin wir gehören. Der echte Lehrer oder die echte Lehrerin entsprechen niemals unseren Vorstellungen und Erwartungen, die wir von einem spirituellen Lehrer haben. Sie erfüllen nicht unsere kindlichen emotionalen Bedürfnisse, sie zerstören in der Regel alles, woran wir bisher geglaubt haben. Denn ihre Aufgabe ist es, uns die Möglichkeit zu geben, die Wahrheit zu erkennen.

Es ist uns immer erlaubt, zu prüfen, ob es sich um einen wahren Lehrer oder um einen falschen Lehrer handelt, oder vielleicht um jemanden, der ein Lehrer sein *möchte*. Die Zweifel und Befürchtungen, die manch einen befallen, wenn es um die Suche nach einem Lehrer geht, sind durchaus berechtigt, denn in einer Welt voller Illusionen und in der Vielfalt menschlicher Möglichkeiten gedeiht manche Pflanze, die nicht ist, was sie zu sein vorgibt. Darüber hinaus kann die Schüler-Lehrer-Beziehung durch die Unreife und Unfreiheit des «Lehrers» wie auch durch die mangelnde Unterscheidungsfähigkeit des Schülers zu einem persönlichen Machtverhältnis werden. In einer solchen Beziehung wird das Vertrauen des Schülers ausgenutzt im Dienste der persönlichen Absichten des so genannten Lehrers, seines Machtanspruchs oder seiner eigenen «Grandiosität». Doch brennt im Herzen des Suchers die leidenschaftliche Sehnsucht nach der Wahrheit, so wird die Echtheit seiner Suche stets das Wahre anziehen, doch dies muss eine schmerzliche Erfahrung oder Enttäuschung nicht ausschließen. Immer wieder haben sich weise Menschen darüber Gedanken gemacht, was den wahren vom falschen Lehrer unterscheidet. Bei allen beachtenswerten Kriterien, die über Jahrhunderte hinweg ihre Gültigkeit behalten, ist es am Ende das Herz, das entscheidet.

Indessen gibt es Aspekte der Unterscheidung, die wenig Beachtung finden, nicht hinsichtlich des Wandels der Zeiten, aber in Bezug auf die Unterschiede zwischen Frauen und Männern. Es stellt sich in unserem Zusammenhang die Frage, ob eine Frau, trifft sie auf ihrer spirituellen Reise eine Lehrerin oder einen Lehrer, nicht auch auf Kriterien achten darf, die die Besonderheiten des weiblichen Weges betreffen.

So kann eine Frau sich in der Begegnung mit einem Lehrer oder einer Lehrerin durchaus fragen: Spüre ich eine Resonanz auf das, was ich als meine weibliche Natur empfinde? Erfahre ich Achtung vor dem weiblichen Aspekt des Lebens und Achtung vor der Tatsache, dass ein weiblicher Weg andere Qualitäten in sich vereinigt als ein männlicher?

Eine Frau, die erkannt hat oder fühlt, dass ihr Weg zu Gott immer ein weiblicher Weg ist, wird niemals einen Lehrer oder eine Lehrerin anerkennen, deren Schulung die Leugnung oder gar Missachtung dessen spiegelt, was die Weiblichkeit ausmacht. Dennoch sind wir alle sehr von einer männlichen Tradition der Wege zur Wahrheit geprägt. Da die Fußspuren, denen wir folgen möchten, zuweilen die einzigen sind, die wir vorfinden, wenn auch unsere weiblichen Füße einfach nicht hineinpassen wollen, schenken wir zu leicht der Annahme Vertrauen, dass dies die einzig gangbaren Wege zur Wahrheit seien. Es mögen Wege sein, auf denen Disziplin und harte Arbeit

an der Transformation weitaus größeren Raum einnehmen als Sinnlichkeit und Schönheit, Wege, auf denen die Stille hauptsächlich gesucht wird in der äußeren Stille, in der Bewegungslosigkeit und Abgewandtheit von Leben und Körper. Ein weiblicher Weg hingegen findet die Stille auch mitten im Leben und mitten im Körper. Ein weiblicher Weg achtet nicht nur die Schönheit als Attribut des Göttlichen, ein weiblicher Weg ist auch selbst Zeugnis dieser Schönheit und offenbart sie zugleich als Aspekt des Absoluten und der Wahrheit, wie sie sich in die Welt spiegelt.

So wird die Frau letzten Endes auch bei der Frage nach dem wahren Lehrer oder der Lehrerin von der äußeren Autorität zurückgeworfen auf die innere Autorität, die ihr im Einklang mit der Musik ihrer Seele, durch die Stimme ihres Herzens einzig und allein vermitteln kann, ob sie am richtigen Platz ist.

Der spirituelle Weg einer Frau, so haben wir gesehen, bietet die Möglichkeit, ihre körperliche Existenz voll und ganz mit einzuschließen. Ihre Verbindung zur Erde ist lebendig auf diesem Weg. Hinsichtlich der Bedeutung eines Lehrers, jemandes, der Führung anbietet auf diesem Weg, spielt deshalb die physische Präsenz für Frauen eine besondere Rolle. Auch die Beziehung zum Lehrer ist eine lebendige Beziehung

und unser Körper ist mit einbezogen
in diese Beziehung und in den Austausch jener geheimen Substanz, die
von Lehrern zu Schülern vermittelt
wird. Die Erweckung des Lichts
findet im physischen Leben statt.
Deshalb ist es für die meisten Frauen
wichtig, wenn sie eines Tages bereit
sind, ihren Lehrer zu treffen, auch
seine oder ihre physische Gegenwart
zu erfahren, vielleicht nicht ständig,
aber von Zeit zu Zeit. Physische
Präsenz bedeutet, nicht nur in Gedanken und auch nicht nur in der inneren Welt, sondern auch in Raum und
Zeit mit ihm oder ihr zusammen sein
zu können. Denn unser ganzes Sein,
auf allen Ebenen seiner Manifesta-
tion, ist in diese Liebe eingesponnen.
Dabei ist es wichtig, im Auge zu
behalten, dass es sich nicht um eine
menschliche Liebesbeziehung handelt. Alle Wünsche und Bedürfnisse,
die wir hinsichtlich einer menschlichen Liebesbeziehung haben, können auch nur dort gelebt werden.
Dagegen ist die Liebe zwischen
Lehrer und Schüler absolut frei und
jenseits von Dualität und von der
Spannung zwischen Ich und Du. Es
ist eine Liebe von Seele zu Seele, die
sich ohne Umschweife lebt von Herz
zu Herz. Sie spiegelt direkt die Liebe
zwischen Gott und der Seele wider.

Ausblick

in eine neue Zeit

«Nun weiß ich, dass wir von den Bergen herunterkommen müssen.
Die luftigen Höhen verlassen, die Weite des Himmels und die Gipfellandschaften eintauschen gegen die Enge des Tals und den Duft nach Erde. Hinabsteigen zu den Hügeln zu Füßen der Berge, und weiter bis tief in die Täler. Dort wartet das Leben. Noch tragen wir den klaren und eisigen Wind der Gipfel mit uns, doch wir werden die Luft der Erde atmen und im Wasser der Flüsse baden.
Die Erde wird diesen eisigen Wind erwärmen, und zugleich wird der Wind das Land erfrischen.
Er wird wehen und die Saat neu verteilen und die Täler auf neue Weise fruchtbar machen.»

Aus einem Traum

Wie die Erde, die diesen kalten Wind erwärmt, brauchen wir das Weibliche in der Welt, brauchen wir die Wege der Frauen, damit das Bewusstsein, das der Welt gegeben wird, gelebt werden kann und warme menschliche Züge erhält. So wird es lebendig.

Frauen tragen das pure Leben in sich. Es ist Zeit, dass wir uns von den spirituellen Konditionierungen lösen, die mit der Suche nach Gott untrennbar einen Rückzug aus dem Leben verknüpfen.

Unsere Welt ruft nach Lebendigkeit, ruft danach, menschlicher zu werden. Wir haben uns weit davon entfernt, das Leben als eine Einheit zu betrachten. Wir haben unseren Geist weiter entwickelt, indem wir ihn von der Materie getrennt haben, und haben Himmel und Erde so weit auseinander gerückt, dass unser Bezug zur Schöpfung sich mehr und mehr in einem kontrollierenden materialistischen Bewusstsein niederschlägt, während wir gleichzeitig vergessen haben, dass der Schöpfer irgendetwas mit Seiner Schöpfung zu tun haben könnte.

Wir leben in einer Zeit, in der die Welt wieder zu zittern begonnen hat, geschüttelt von Krisen, Kriegen, Gewalt und Gier. Viele Menschen sind beunruhigt oder erleben dieses spürbare Zittern in der Welt als eine große Verunsicherung. Einige fühlen sich wachgerüttelt. Ist es so, dass wir geweckt werden, um zu erkennen, dass sich am Horizont längst ein neuer Lichtstreifen zeigt? Dass da auf die Menschheit eine Chance wartet, die wir jedoch noch nicht ergriffen haben?

Wie können wir dazu beitragen, Ja zu sagen und zuzugreifen?

Wenn das Leben selbst danach dürstet, wieder als ein Tanz wahrgenommen zu werden, zauberhaft, heilig und in Freude, dann wird es notwendig, die Kräfte wieder zu erwecken, die das Licht des Bewusstseins und der Liebe *ins Leben* bringen.

Es braucht die Frauen und braucht das Weibliche in uns allen, damit ein neues Bewusstsein des Göttlichen auf der Erde aufgenommen und verbreitet werden kann. Wir stehen in der Verantwortung. Umso mehr, wenn wir nur einen Funken dieses Potenzials in uns selbst gespürt haben, wenn wir von der Möglichkeit wissen, dass vor der Tür etwas gänzlich Neues wartet. Wir brauchen diese Tür nur zu öffnen.

Dabei geht es nicht darum, anders zu leben, sondern überhaupt zu leben! Unsere Versuche, anders zu leben, ersticken nur zu oft in der dünnen Luft unserer Ernsthaftigkeit, unserer Bemühungen und unserer humorlosen Strenge. Wenn es um das Leben geht, verstehen wir keinen Spaß. Warum das Leben nicht willkommen heißen, wie es *wirklich* ist? Warum das Leben so bitter ernst nehmen, wenn wir wissen, dass es ein Tanz ist? Es tanzt zwischen den Welten, zwischen innen und außen, zwischen dem Schöpfer und seiner Schöpfung. Gott selbst hat den größten Spaß daran, warum sollten wir nicht daran teilhaben?

Eine Möglichkeit wäre, wieder mitten im Leben zu meditieren.

Doch sobald wir über Meditation nachdenken, werden wir schnell wieder ernst. Gerade die Meditation aber könnte eine Geburtshelferin sein für ein neues Leben, das seine heilige Substanz wieder zurückgewinnt, seine Magie und seine Freude. Wenn Meditation ihre weiblichen Züge wiedergewinnen könnte, ihre Sinnlichkeit und Lebensnähe, so wären jene Türen, hinter denen das Leben in einem Bewusstsein von Einheit und Liebe wartet, bereits weit geöffnet. Sind wir so frei und trauen uns, über die Schwelle zu treten?

Wir stehen am Übergang zu einer neuen Zeit, mit der Möglichkeit, dass Menschlichkeit und Spiritualität auf eine neue Weise zusammenrücken können. Dies könnte bedeuten, dass wir individuell und kollektiv wieder einen mehr geistigen Bezug zur Materie und einen körperlichen Bezug zur Spiritualität finden, denn beide bedingen einander. Wenn die Erde den Himmel in sich aufnimmt, so kann der Himmel nicht anders als sie umarmen!

Erst wenn die heiligen Hallen der Meditation wieder vom Lachen der Frauen erklingen und andererseits die Stille wieder mitten im Chaos des Lebens singt, tanzt uns die Zukunft in Freude entgegen.

Persönliche Literaturliste

Diese Liste enthält für mich bedeut-
same Bücher. Die Auswahl ist subjek-
tiv und hat keinerlei Anspruch auf
Vollständigkeit.

Lao Tse: *Tao Te King* (in verschiede-
nen Ausgaben erhältlich)
Tweedie, Irina: *Der Weg durchs
Feuer – Tagebuch einer spirituellen
Schulung durch einen Sufi-Meister*,
Ansata Verlag 1989
Vaughan-Lee, Llewellyn:
*Die Karawane der Derwische –
Die Lehren der großen Sufi-Meister*,
S. Fischer Verlag 1997
Vaughan-Lee, Llewellyn:
Die Zeichen Gottes
Vaughan-Lee, Llewellyn:
Mit der Einheit arbeiten

Diese beiden Bücher sind erhältlich
über: The Golden Sufi Center,
Postfach, CH-9006 St. Gallen,
Schweiz

Folgende Titel gibt es leider nur in
englischer Sprache:

Luke, Helen: *Kaleidoscope. The
Way of Woman and other essays*,
Parabola Books 1992
Luke, Helen: *The Voice Within:
Love and Virtue in the Age of Spirit*,
Crossroad 1984

Von den Dichtungen der Mystiker,
die direkt von Herz zu Herz sprechen,
seien erwähnt:

Hafiz: *The Gift*, ins Englische
übersetzt von Daniel Ladinsky,
Penguin USA, 1999
Hafiz: *I heard God Laughing*,
ins Englische übersetzt von
Daniel Ladinsky, Sufism
Re-Orientated 1996
Hafiz: *The Subject Tonight is Love –
60 Wild and Sweet Poems of Hafiz*,
ins Englische übersetzt von
Daniel Ladinsky, Pumpkin House
Press 1996
Rumi: *Light Upon Light*, ins Englische
übersetzt von Andrew Harvey,
North Atlantic Books 1996

… und vor allem

Mirabai, eine ekstatische Dichterin
und indische Mystikerin des
16. Jahrhunderts: *For the Love of the
Dark One: Songs of Mirabai*, ins
Englische übersetzt von Andrew
Schelling, Hohm Press 1998

Bildnachweis

PhotoDisc®, S.1
Imagesource, S. 2, 102, 134, 154
DigitalVision S. 4, 12
John Foxx Images S. 22, 156
imagedj S. 132